긍정의 힘과 자존감을 키우는 **최고의 행복수업**

긍정의 힘과 자존감을 키우는 **최고의 행복수업**

초판 1쇄 발행 2020년 2월 10일 ＼**초판 3쇄 발행** 2021년 12월 1일
글쓴이 서지원 ＼**그린이** 김재희
펴낸이 이영선
책임편집 김문정
편집 이일규 김선정 김문정 김종훈 이민재 김영아 김연수 이현정 차소영 ＼**디자인** 김회량 이보아
독자본부 김일신 정혜영 김민수 박정래 손미경 김동욱
펴낸곳 파란자전거 ＼**출판등록** 1999년 9월 17일(제406-2005-000048호)
주소 경기도 파주시 광인사길 217(파주출판도시) ＼**전화** (031)955-7470 ＼**팩스** (031)955-7469
홈페이지 www.paja.co.kr ＼**이메일** booksea21@hanmail.net

ⓒ 서지원·김재희, 2020
ISBN 979-11-88609-34-5 73100

이 도서의 국립중앙도서관 출판예정도서목록(CIP)은 서지정보유통지원시스템 홈페이지(http://seoji.nl.go.kr)와
국가자료공동목록시스템(http://www.nl.go.kr/kolisnet)에서 이용하실 수 있습니다.(CIP제어번호: CIP2020002083)

파란자전거는 도서출판 서해문집의 어린이 책 브랜드입니다. 페달을 밟아야 똑바로 나아가는 자전거처럼
파란자전거는 어린이와 청소년이 혼자 힘으로도 바르게 설 수 있도록 도와줍니다.

어린이제품안전특별법에 의한 제품 표시
제조자명 파란자전거 ＼**제조년월** 2021년 11월 ＼**제조국** 대한민국 ＼**사용연령** 만 9세 이상 어린이 제품

최고의 행복수업

긍정의 힘과 자존감을 키우는

서지원 글 | 김재희 그림

파란자전거

행복해지는 삶, 함께, 해요

　무지개를 본 적이 있지요? 몇 가지 색깔일까요? 빨주노초파남보, 일곱 가지 색깔이라고요? 맞아요. 하지만 그건 우리나라 사람들이 하는 말이에요. 미국에서는 빨주노초파보, 여섯 가지 색깔이라고 하는 사람들이 많아요. 멕시코 원주민은 다섯 가지 색깔, 어떤 아프리카의 원주민은 두 가지 색깔이라고 한다는군요. 아 참, 우리나라 전래 동화를 보면 오색 무지개 이야기가 나와요. 그런 걸 보면 우리나라 옛사람들은 무지개가 다섯 가지 색깔을 가졌다고 믿었나 봐요. 무지개는 실제로 207가지 색깔이라고 합니다.

　행복은 무지개 색깔 같은 게 아닐까, 하는 생각이 듭니다. 보는 사람마다 색깔의 수가 다른 것처럼 행복도 사람마다 다른 것 같아요. 어떤 사람은 성공이 행복이라고 하고, 어떤 사람은 가족이 행복이라고 하지요. 어떤 사람은 유명해지면 행복해질 거라고 하고, 어떤 사람은 돈 걱정 없는 부자가 되면 행복해질 거라고 하고요.

　사람들은 누구나 행복하게 살고 싶어 해요. 이 세상에 불행하게 살고 싶다는 사람은 단 한 명도 없을 거예요. 그러나 '무엇이 행복한 삶일까?' 하고 묻는다면 사람들은 저마다 다른 대답을 할 거예요. 저 또한 이렇게 살면 반드시 행복해질 것이다, 확실하게 말할 수는 없어요. 하지만 살아오면서 제일 소중한 것이 무엇인지는 차츰 알게 되었지요. 그것은 우리가 '함께 살아간다'는 것이에요. '함께'라는 것 없이는 행복도 없고, 기쁨도 없고, 삶의 의미도 없지 않을까 싶어요.

　괴로운 일, 불행한 일, 힘든 일, 나쁜 일이 사라지면 행복해질까요? 대부분 그렇다고 믿지만, 그건 착각이라고 해요. 어떤 철학자는 수도꼭지에 비유해서 말했어요. 수도꼭지에는 차가운 물이 나오는 관과 따뜻한 물이 나오는 관이 연결돼 있어요. 차가운 물이 나오는 관에서는 부정적이고 나쁘고 괴로운 마음이 나오고, 따뜻한 물이 나오는 관에서는 긍정적이고 기쁘고 즐거운 마음이 나온다고 생각해 보세요. 우리가 차가운 물이 나오는 관을 꼭 잠

근다고 해서 물이 따뜻해지지는 않잖아요. 그냥 차가운 물이 안 나올 뿐이지요. 따뜻한 물이 나오게 하려면 따뜻한 물이 나오는 관을 열어야만 해요. 이처럼 괴로운 일, 불행한 일, 나쁜 일이 없어진다고 행복해지는 건 아니에요. 행복해지려면 행복의 수도꼭지를 열어야 해요.

다시 말해서, 우리가 행복해지려면 힘들고 괴로운 일을 피한다고 해서 행복해지는 게 아니라, 적극적으로 열심히 행복해지려고 노력해야만 행복해진다는 뜻이에요. 행복은 저절로 우연히 얻어지지 않아요. 많은 어린이 친구들과 만나서 행복해지려면 어떻게 해야 하는지 물어보았는데, 어른이 되면 저절로 행복해진다는 생각을 가진 친구도 있었어요. 누구도 결코 저절로 행복해지지는 않아요.

세상에는 성공한 사람들이 많아요. 텔레비전에는 날마다 성공한 사람이 나와요. 하지만 성공한 사람이 모두 행복한 것은 아니라는 건 분명해요. 왜냐하면 성공한 사람들도 괴로움을 잊기 위해 마약을 하거나 해서는 안 될 선택을 하기도 하니까요. 그렇다면 진정한 성공은, 행복한 삶을 사는 것이겠지요.

앞에서 얘기했던 '함께'에 대한 얘기를 다시 해 볼까 해요. 나이가 들면 들수록 저는 혼자라면 결코 행복해질 수 없다는 생각이 들어요. 내 주변에 누군가 있어서, 내 얘기를 할 수 있고, 마음을 나눌 수 있고, 서

로 다른 길을 걷더라도 지켜봐 주고 관심을 가져 주기 때문에 우리는 행복해질 수 있고, 행복을 나눌 수 있지 않나 싶습니다. 힘들고 어렵고 괴로운 일도 즐겁게 기꺼이 받아들이고 이겨 낼 수 있는 것도 우리 주변에 누군가 '함께'하고 있기 때문이에요.

　사람들은 누구나 부족한 점이 있어요. 나도 부족한 점이 있고, 남도 부족한 점이 있어요. 그것이 돈일 수도 있고, 시간일 수도 있고, 감정일 수도 있지요. 그런데 내가 부족하면 내 주변 누군가 분명히 채워 줄 것이라고 믿는다면 우리는 불안해하지 않고 세상을 살아갈 수 있어요. 그러자면 먼저, 남이 부족하면 내가 채워 주겠다고 마음먹어야겠지요. 세상은 서로 연결돼 있어요. 우리는 모두 함께 살아가야 해요. 그래야 행복할 수 있답니다.

2020년 1월
서지원

차례

글쓴이의 말
행복해지는 삶, 함께, 해요 • 4

큰소리밭의 행복 지킴이
너의 행복을 들려줘! • 10

우주인의 행복 수업 행복이 뭐예요?
질문 있습니다, 서낭 할머니! • 13
무지개 행복, 모두 다 행복이야! • 32

우주충의 행복 수업 어떤 목표를 가져야 행복할까요?
소 부자 아빠의 성공 비결 • 35
행복으로 가는 등불 • 52

오말년의 행복 수업 행복할 자격이 따로 있나요?
할머니는 2학년 • 55
행복이 든 보따리 • 70

우리별의 행복 수업 혼자라도 행복할까요?
나 혼자면 어때! · 73
혼자 있는 나만의 방 · 90

우주왕의 행복 수업 이기면 행복할까요?
결전의 날 · 93
진정한 승리 · 108

우지근의 행복 수업 내가 싫어도 행복할까요?
못생겨도 타조 박사 · 111
나 자신을 사랑하는 법 · 126

우등생의 행복 수업 현재를 희생하면 미래가 행복할까요?
공부 못하는 우등생 · 129
행복 적금 · 142

큰소리밭의 행복 지킴이

너의 행복을 들려줘!

서낭 할머니
- 큰소리밭을 지키는 수호신.
- 나이를 알 수 없음.
- 모든 질문에 답을 줌. 어떤 식으로든!

우주인
지금은 잘 모르겠지만, 언젠가 꼭 내 행복을 찾고 말 테야.

우주중
돈이면 다라고 생각하는 친구들이여, 능력 있으면 행복도 사 볼래?

오말년
못 배우면 어뗘? 가진 것 없으면 어뗘? 난 행복하구먼.

우리별

하나보다는 둘, 둘보다는 셋,
기쁨을 나누면 배가 되고,
슬픔을 나누면 반이 되고.
행복이 모이면 어떻게 될까?

우등생

내 꿈을 위해
열심히 준비하는 건
고달픈 희생이 아니라
희망찬 행복이야.

우주왕

이기고 지는 건
경쟁의 결과일 뿐,
내 행복과는 아무
상관없시.

우지근

나는 나대로 넌 너대로,
나를 사랑하고
너를 인정하는 것,
행복을 키우는 지름길!

여러분,
여러분의 행복을 들려주세요!

우주인의 행복 수업

질문 있습니다, 서낭 할머니!

행복이 뭐예요?

"서낭 할머니, 제발 우리 학교에도 선생님을 보내 주세요! 재식이 아재 수업은 정말 재미없어요. 이장님 수업은 무슨 말인지 통 못 알아듣겠고, 점례 아줌마가 선생님인 날은 하루 종일 잔소리만 듣는다고요. 그러니까 이제 우리 학교에도 진짜 선생님을 보내 주세요……."

나는 두 손을 꼭 모으고 간절하게 기도하고 또 기도했다.

이쯤 했으니 서낭 할머니께서 내 기도를 들어주시려나?

참, 서낭 할머니의 정체는 아주 오래된 나무다. 아빠가 어릴 때도 서낭 할머니께서 계셨고, 할아버지가 어릴 때도 서낭 할머니께서 계셨단다. 또 할아버지의 할아버지가 어릴 때도 서낭 할머니께서 계셨다니 나

이가 한 오백 살쯤은 되셨을 것이다.

우리 마을 사람들은 간절히 바라는 일이 생기면 서낭 할머니를 찾는다. 어른들은 무엇이든 서낭 할머니께 간절히 기도하면 반드시 이뤄진다고들 말씀하신다.

내 이름은 '우주인'이다.

나도 내 이름이 우습다는 걸 잘 안다. 하지만 우리 마을에서 내 이름 정도면 양반! 우리 옆집에 사는 애는 우주왕이고, 뒷집에 사는 누나는 우리별이다. 어디 그뿐인가! 마을 입구에 사는 아이는 슬프게도 이름이 우주충이다. 그 아이의 별명은 이름 때문에 우중충이 되었다. 그래서일까, 뭘 해도 주충이는 우중충해 보인다.

자, 이쯤 되면 우리 마을에 사는 애들 이름이 왜 모두 '우씨'밖에 없는지 궁금해질 것이다.

우리 마을의 이름은 '큰소리밭'인데 사람들에게 우가 마을로 더 잘 알려져 있다. 우리 마을이 우씨 집성촌이기 때문이다.

요즘은 우리 마을 같은 집성촌을 찾아보기 힘들지만, 조선 시대 중기까지만 해도 전국 각지에 집성촌이 있었다고 했다. 집성촌은 혈통을 중요하게 생각하는 사람들이 같은 성끼리 모여 사는 마을이다.

우가 마을, 아니 큰소리밭의 장점을 꼽자면 모두 가까운 친척이라는 점이다. 앞집, 옆집, 뒷집, 건넛집 모두 친척 집이다. 이렇게 친척이 많다 보니 재미있는 일이 참 많다. 학교에서 일등을 하는 애도 내 친척이고, 꼴등을 하는 애도 친척이니 가까울 수밖에 없다. 준비물을 안 가져와도 스스럼없이 "같이 쓰자!"고 말할 수 있다. 친척인데 뭐 어때.

아, 모두 친척이다 보니 안 좋은 점도 있다. 마을 어른 중 누구를 만나도 "공부 좀 열심히 해, 요 녀석들아!", "친척끼리 싸우는 거 아니랬지?" 하는 식의 잔소리를 듣는다. 지금은 잔소리를 백번 들어도 좋으니 제발 선생님이 있었으면 좋겠다.

내가 서낭 할머니께 간절히 기도하고 있을 때였다. 갑자기 수풀 속에서 누군가 튀어나왔다. 물에 흠뻑 젖은 여자가 머리를 앞으로 길게 풀어 헤치고 나타났다.

그 순간 여자가 손을 앞으로 뻗더니 이상한 신음 소리를 냈다. 나는 화들짝 놀라서 뒷걸음질을 치다가 엉덩방아를 쿵 찧고 말았다.

"귀, 귀신?"

"무울……."

나는 얼음처럼 그 자리에 주저앉은 채 꼼짝도 하지 못했다. 그러자 여자 귀신이 나를 향해 또 뭔가 말하려 했다.

"서, 서낭 할머니! 내가 선생님을 보내 달라고 했지 언제 귀신을 보내 달랬나요!"

나는 서낭 할머니를 원망스러운 눈초리로 쳐다보았다.

그때 여자 귀신이 터덜터덜 걸어왔다. 나를 향해서.

"무울, 무울……조옴……!"

"꺄악!"

엉망으로 헝클어진 머리카락 사이로 여자 귀신의 번뜩이는 눈이 빛났다. 그 모습을 본 나는 외마디 비명을 내지르며 쓰러지고 말았다.

그리고 얼마나 시간이 지났을까.

내가 눈을 떴을 때는 동네 사람들이 머리맡에 모여 웅성거리고 있었다. 나는 부스스 몸을 일으켰다.

"주인아, 정신이 좀 들어?"

"아부지……."

아빠가 내 이마에 손을 갖다 대며 놀란 목소리로 물었다.

"이 녀석, 보약을 한 제 해 먹이든가 해야지. 아, 새로 오신 선생님을 보고 놀라서 기절하면 어떡하냐?"

"선생님이요?"

나는 대체 무슨 소린가 하고 눈을 깜빡거렸다.

"그래, 저기 저 여자 선생님 말이야. 저분이 바로 우리 큰소리밭학교에 새로 오신 분이래."

고개를 돌리자 아까 본 여자 귀신이 멀쩡한 모습으로 서 있었다. 머리를 단정하게 빗어 넘긴 모습이 아까와는 사뭇 달라 보였다.

"좀 괜찮니? 갑자기 쓰러져서 놀랐잖아."

여자 귀신, 아니, 선생님이 나를 향해 싱긋 웃으며 말했다.

"아까는 이상한 목소리로 무울…… 무울…… 하고 신음했는데……."

"아, 그거! 목이 너무 말라서 그만……."

선생님이 머리를 긁으며 겸연쩍은 표정을 지었다.

우리 큰소리밭 마을에는 학교가 하나 있는데, 자그마치 백 년도 더 된 곳이다. 할아버지랑 아빠가 학교에 다녔을 때만 해도 아이들이 수백 명은 되는 학교였다.

그때는 이웃 마을에 있는 아이들까지 우리 마을로 학교를 다녔을 정도였다고. 그런데 농촌의 인구가 점점 줄어들다 보니 수백 명의 학생들이 뛰어놀던 학교는 어느새 전교생이 단 일곱 명만 남은 학교가 되어 버렸다.

문제는 학교의 학생 수가 줄어드는 바람에 선생님까지 줄어들었다는 것이다.

1학년부터 6학년까지 전교생이 일곱 명밖에 없으니 학년별로 선생님을 둘 수도 없는 노릇. 하는 수 없이 읍내에 있는 학교의 선생님이 큰소리밭학교로 와서 우리를 가르쳤는데, 불과 석 달 만에 일을 관두었다.

그날 이후 우리 학교는 정식 선생님 대신 마을 어른들이 일일 선생님이 되어 아이들을 가르쳐 왔다. 덕분에 옆집에 사는 재식이 아재가 선생님이 되는 날도 있었고, 이장님이 선생님이 되는 날도 있었고, 점방 주인인 점례 아줌마가 선생님이 되는 날도 있었다.

그런데 일일 선생님들의 수업은 아이들이 보기에도 엉망이었다. 건넛집 할아버지는 수업을 한다면서 소 먹일 풀을 베고, 밭에 가서 고추 따 오라고 시키기도 했고, 툭하면 자율 학습을 시키고, 툭하면 체육 시간이라며 밖에 나가 공차기를 하고 놀라고 했다.

오죽하면 내가 서낭 할머니께 선생님을 보내 달라고 기도를 했을까.

"이 녀석아, 어서 선생님께 인사드려야지!"

아빠가 내 머리를 콕 쥐어박았다.

"아이고, 아직 임시 선생이라니까요."

"임시면 어떻고 정식이면 어떻습니까. 우리 큰소리밭에 와 주신 것만으로도 감사하죠!"

아빠가 굽실거렸다.

"그런데 선생님이 왜 수풀 속에서 튀어나온 거예요?"

내가 고개를 갸웃거리며 묻자 선생님이 얼굴을 붉히며 말했다.

"사실은 오는 길에 차가 고장 나 버렸지 뭐야. 하필 배터리가 다 닳아서 휴대폰도 꺼지고. 마을까지 어떻게 가나 고민하고 있는데 전에 선생님이셨던 분이 마을로 가는 길을 얘기해 준 게 생각나더라고."

"마을로 가는 길이요?"

"그래. 미루나무 꼭대기에 걸려 있는 구름을 따라 걸으면 시냇물이 나오는데 그 시냇물을 따라가다 보면 언덕이 나오고, 그 언덕 너머에 학교가 있다고."

"에?"

"그 말이 사실인지 아닌지 알아보고 싶기도 하고……. 그래서 무작정 구름을 따라 걸었지. 하하!"

선생님은 그러다가 길을 잃고 헤매게 되었다고 했다.

언덕을 오르다가 데굴데굴 구르기도 하고, 냇물을 건너다가 물에 빠지고, 수풀 속 엉겅퀴에 찔려서 옷이 찢어지고 머리는 엉망이 되고…….

그렇게 길을 헤매는데 어디선가 "선생님!" 하고 외치는 목소리가 들렸다는 것이다. 그 소리가 나는 쪽으로 무작정 걸었더니 글쎄, 커다란 나무 아래에서 내가 기도를 하고 있었다고 했다.

선생님은 내가 서낭 할머니께 드리려고 들고 온 물병을 보고 목이 말라서 "물 좀 줘!"라고 말했다고 했다.

"미안, 많이 놀랐지?"

선생님이 혀를 내밀며 샐쭉 웃음을 지었다.

우리는 이렇게 해서 선생님과 함께 지내게 되었다. 나는 선생님이 어쩐지 특별하게 느껴졌다. 서낭 할머니께 기도를 하자마자 나타난 분이라 더 그런 생각이 드는지 모르겠다.

"내 이름은 미화예요. 이미화. 여러분의 이름은…… 어디 보자, 우주인? 그리고 우주충, 우주왕, 우리별, 우지근, 우등생, 또…… 오말년?"

선생님이 이름을 하나씩 부를 때마다 우리는 자리에서 벌떡 일어나 인사를 했다. 마지막으로 오말년이라는 이름을 부르자 맨 끝에 앉아 있던 말년 할머니가 끙끙거리며 자리에서 일어났다.

"하, 할머니는 여기 어쩐 일로 오셨어요?"

선생님이 당황한 듯 할머니를 향해 물었다. 그러자 말년 할머니는 가슴팍에 달린 이름표를 떡하니 내밀었다.

"2학년 오말년?"

"이, 나가 2말년이어요. 이학년 학상 오말년."

"예?"

선생님은 말년 할머니의 말을 잘 알아듣지 못하는 듯했다. 보다 못한 우주왕이 할머니를 대신해 해석해 주었다.

"그래요, 제가 2학년 학생 오말년입니다, 라고 하셨어요."

"아!"

선생님은 머리를 긁적이며 억지로 웃는 표정을 지었다.

"말년 할머니는 학교에 다닌 적이 없으시대요. 할머니 평생소원이 학교에서 공부해 보는 거였대요. 그래서 작년부터 우리랑 같이 학교에 다니기로 하셨어요. 아직 한글은 다 모르세요. 받침 있는 글자는 읽기 어렵다고 안 배우려고 하시거든요."

"그, 그랬구나……."

선생님과 눈이 딱 마주친 말년 할머니가 싱긋 웃음을 지었다. 선생님은 우리를 빙 둘러보더니 칠판에 커다랗게 글자를 쓰기 시작했다. 말년 할머니가 그 글자를 더듬더듬 소리 내어 따라 읽었다.

"행……복?"

"맞아요, 할머니. 행복이요. 오늘 첫 수업의 주제는 행복이에요. 우리는 어떻게 해야 행복한지 얘기해 볼까요?"

"행복, 그야 옥시시 잘 익고, 벼이삭 잘 익고, 감 주렁주렁 열리고 자식들 잘 살면 행복한 거이지. 그깟 게 뭐 대순교."

말년 할머니가 말하자 우주왕이 또 해석해 주었다.

"행복은 옥수수 잘 익고, 벼이삭 잘 익어 농사 잘되고, 감 주렁주렁 열려서 풍성해지고 자식들이 모두 잘 사는 모습을 보는 것이랍니다. 별거 아닌 게 바로 행복이라고요."

우주인

우주쿵

오말년

우리별

'행복'

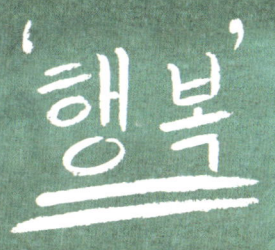
우주왕

우지근

이미화 선생님

우등생

"멋진 대답이네요!"

선생님은 다른 아이들에게도 행복이 무엇이냐고 물었다. 우리는 모두 꿀 먹은 벙어리처럼 행복에 대해 대답하지 못했다.

"자, 그럼 좀 다른 질문을 할게요. 여러분이 세상에 태어난 이유는 무엇일까요?"

"엄마 아빠가 만들었으니까?"

우주충이 킥킥거리며 대꾸했다.

"정답, 또 다른 사람은 어떻게 생각하나요?"

"음, 공부하려고?"

"그것도 정답! 또?"

"맛있는 거 먹고, 일도 하고 그러려고 태어났어요."

이번엔 우주왕이 대답했다. 주왕이는 나랑 같은 4학년인데 덩치가 내 세 배는 된다. 주왕이는 뭐든 먹는 것과 연결시켜 생각하는 게 특기다.

"우주인, 너는 왜 태어난 것 같니?"

"……잘 모르겠어요."

내가 우물쭈물 망설이자 선생님이 말했다.

"우리가 이 세상에 태어난 것은 행복하기 위해서예요."

"행복하려고 태어났다고요?"

"그래요. 그래서 행복이 무엇인지 알아야 해요. 생각해 봐요. 행복은 뭘까? 즐거운 것일까? 기분이 좋은 것일까? 여유로운 것일까? 마음껏 노는 것일까? 사랑하는 것일까? 사랑받는 것일까?"

"제 생각엔 그게 다 행복인 것 같아요."

"맞아요. 행복은 무지개 같은 거예요. 무지개는 한 가지 색깔이 아니잖아요. 어떤 사람은 무지개가 일곱 가지 색깔이라고 하지만, 아프리카의 어떤 원주민은 무지개가 네 가지 색깔이라고 하고, 또 어떤 나라는 무지개가 열 가지 색깔이라고 해요. 그러니 무지개를 어떤 색깔이라고 정할 수는 없어요. 행복도 마찬가지예요."

선생님은 행복이 무엇인지 한마디로 말할 수는 없다고 했다. 그건 저마다 행복하다고 느끼는 게 다 다르기 때문이라고.

"어떤 사람은 춤추는 게 행복일 수 있고, 어떤 사람은 학교에서 공부하는 게 행복일 수 있어요. 어떤 사람은 땀 흘려 일하는 게 행복일 수 있고, 어떤 사람은 일하지 않고 여유롭게 쉬는 게 행복일 수 있지요. 한 사람의 마음속에서도 행복은 여러 가지예요. 확실한 것은, 사람은 누구나 평생 동안 행복을 좇는다는 사실이에요. 우리도 행복을 좇아 볼까? 아니, 좇아 볼까요?"

말년 할머니랑 눈이 마주친 선생님이 얼른 말을 고쳤다.

그날 오후, 나는 집으로 돌아가는 길 내내 행복이 무엇인지를 고민해 보았다. 그런데 어떨 때 행복한지 딱히 꼬집어 말할 수가 없었다.

'서낭 할머니께 여쭤봐야 하나?'

언젠가 할아버지가 고민이든 걱정이든 궁금한 것이든 서낭 할머니께 물으면 다 답을 해 준다고 말한 게 떠올랐다. 당장 이 학교에 선생님을 보내 달라는 소원만 해도 서낭 할머니께서 이뤄 주시지 않았는가. 서낭 할머니께 행복이 뭔지 여쭤봐야겠다고 생각했다. 그때 중요한 기억이 번뜩 떠올랐다.

"맞다. 할아버지가 서낭 할머니 배꼽에 난 구멍에다 편지를 써서 넣으면 된다고 했어. 그러면 답장이 온다고!"

나는 집으로 가자마자 공책이랑 연필을 꺼내 편지를 썼다.

마을을 지키느라 바쁘실 서낭 할머니, 안녕하세요?

저는 큰소리밭학교 4학년 우주인이라고 해요.

어제도 만났으니까 기억이 안 난다고 말씀하시진 못하시겠죠.

오늘은 소원을 빌려고 편지를 쓰는 게 아니에요.

대신 아주 궁금한 게 있어서 여쭤보려고요.

서낭 할머니, 대체 행복이란 무엇일까요?

저는 아무리 생각해도 **행복이 뭔지 잘 모르겠어요.**

그럼 답장 부탁드려요.

-이만 줄임-

나는 연필을 꾹꾹 눌러 가며 쓴 편지를 서낭 할머니의 배꼽에 난 구멍에다 쏙 집어넣었다. 그리고 이튿날, 학교 가는 길에 서낭 할머니의 배꼽에 손을 집어넣어 보았다.

"어?"

뭔가 손에 잡혔다. 어제 내가 넣은 편지인가 싶어 꺼내 보았다. 아니다. 내가 보낸 편지는 온데간데없고 다른 편지가 들어 있었다.

"답장이다!"

나는 놀라서 얼른 편지를 뜯어 보았다.

내가 생각하기에 행복은 공기와 같아.
있을 땐 소중함을 모르지만
막상 없어지면 더없이 중요하다는 걸 깨닫는 그런 공기 말이야.
행복도 우리 곁에 있을 땐 잘 모르지만
막상 슬픈 일이 생기고 불행해지면 행복해지고 싶다는 생각을
하게 되니까.

행복은 슬픔의 반대말 같은 것이잖니.

내가 언제 불행하고 슬픈지 잘 생각해 보면
나에게 행복이란 무엇인지 알 수 있지 않을까?

이를테면 나는 숙제가 많으면 괴롭고 슬퍼.
그렇다면 숙제가 적은 날 행복한 거겠지.
또 나는 맛있는 요리를 먹고 싶을 때 우울해지는 것 같아.
그렇다면 맛있는 요리를 먹으면 행복해지겠지.

행복이란 아주 특별한 게 아니란다.
또 행복은 우리가 선택할 수 있어.
용기를 내어 행복을 선택하면 슬픔이 줄어들고
불행은 사라지게 돼.
그러니 내가 행복한 사람이 될지 불행한 사람이 될지는
내 선택에 따라 달라지지 않겠니?
이게 원하는 답이 될 수 있을지 모르겠구나…….

나는 의심스러운 눈으로 편지를 보고 또 보았다. 우선 내가 보낸 편지에 대해 답장을 해 준 사람이 서낭 할머니인지 의심스러웠다. 그때 우리별 누나가 부랴부랴 뛰어가는 모습이 보였다.

"우주인, 거기서 뭐 해!"

"응?"

"학교 늦는다고! 빨리 가야 해!"

"아차차, 학교!"

나는 편지를 손에 쥔 채 헐레벌떡 뛰기 시작했다. 멀리서 학교 수업 시간을 알리는 종소리가 딩동댕동 울려 왔다.

> **행복 뭉치**
>
> 오리의 다리는 비록 짧지만, 이어 주면 걱정거리가 되고,
> 학의 다리는 비록 길지만, 끊어지면 슬픈 일이 되는 법입니다.
> 행복도 그렇습니다. 저마다 행복은 다릅니다.
> 진정한 행복이란, 타고난 본성 그대로 살아가는 삶입니다.
>
> **장자** 중국의 사상가

사람은 저마다 좋아하는 게 달라요. 어떤 사람은 게임을 좋아하고, 어떤 사람은 책을 좋아하고, 어떤 사람은 쇼핑하는 걸 좋아하고……. 이렇게 좋아하는 게 저마다 다르니 행복을 느끼는 것도 다르지요. 만약 행복을 색으로 표현한다면 셀 수 없이 많을 거예요. 무지개의 색을 딱 몇 가지라고 정할 수 없는 것처럼요.

그러니까 남들이 추구하는 행복을 좇지 말고, 내가 진짜 원하는 것이 무엇인지, 나는 어떤 순간에 행복하고 만족하는지를 깨달아야 해요. 그래야 의미 있는 행복을 얻을 수 있답니다.

소 부자 아빠의 성공 비결

어떤 목표를 가져야 행복할까요?

"아빠, 나 준비물 사게 돈······."
나는 한참 망설이다가 말했다.
"무슨 준비물?"
"음악 시간에 리코더 배운다고 준비해 오랬어."
"그래? 좀 기다려 봐."
아빠가 창고 문을 열더니 낡은 상자 하나를 꺼냈다.
 상자 속에는 아빠가 어렸을 때 쓰던 물건이 잔뜩 쌓여 있었다. 아빠의 손이 상자 속을 요리조리 헤집었다. 그때마다 뽀얀 먼지가 안개처럼 퍼졌다.

한참 동안 상자 속을 뒤지던 아빠는 낡은 리코더 하나를 찾아냈다.

"자, 여기 있네!"

"이게 뭐야, 완전 고물이잖아."

"좀 낡긴 했어도 소리는 멀쩡해."

나는 아무 말도 하지 못한 채 입을 삐죽 내밀었다.

"소리 한번 들어 볼래?"

아빠가 리코더를 툭툭 털더니 '후!' 하고 바람을 세게 불었다. 그러자 리코더 주둥이에서 '삐―!' 하고 소리가 났다. 아빠 말대로 리코더의 겉은 낡아서 빛이 바랬지만 소리는 멀쩡한 듯했다.

솔솔라라 솔솔미 솔솔미미레…….

아빠는 예전에 배운 리코더 연주법을 더듬더듬 기억해 가며 〈학교종이 땡땡땡〉을 연주했다.

애석하게도 리코더 소리는 아주 멀쩡했다. 세월이 무려 삼십 년도 더 지났을 텐데 왜 멀쩡하담? 나는 낡은 리코더를 원망스러운 눈으로 쳐다보았다.

"이제 준비물 살 돈은 필요 없지?"

"네……."

나는 바람 빠진 풍선처럼 고개를 푹 숙였다.

우리 집은 큰소리밭 마을에서 제일가는 부자다. 마을에서 제일 큰 축사를 갖고 있고, 소도 가장 많이 키운다. 우리 집엔 닭도 많고, 돼지도 많다.

그러나 나는 절대 새 리코더를 살 수 없을 것이다. 우리 아빤 이 마을 최고의 구두쇠니까.

아빠의 구두쇠 정신은 마을에 소문이 날 정도로 대단하다. 아빠는 무엇이든 허투루 쓰는 법이 없다. 특히 생필품의 경우 혀를 내두를 정도로 아끼고 또 아낀다.

아빠는 치약이든 샴푸든 비누든 뭐든 함부로 버리는 법이 없다. 다 쓴 치약도 끝까지 쭉쭉 짜내고, 또 짜내고. 그도 모자라 가위로 반을 뚝 잘라서 속까지 벅벅 긁어 쓴다.

어디 그뿐인가. 다 쓴 샴푸 통에 물을 넣고 쌕쌕 흔들어서 쓰고, 동강이 난 비누들을 모아서 덩어리를 만들어 쓰고, 또 쓰고…….

아빠의 구두쇠 정신은 학용품에서도 빛을 발한다.

"몇 번을 말해. 전단지 같은 건 함부로 버리지 말라니까? 이걸 모아서 연습장으로 쓰면 되는데!"

"에이, 요새 누가 그런 연습장을 써요?"

"주충아, 새것이라고 다 좋은 게 아니야. 이렇게 종이를 아껴 쓰면 환경도 보호하고, 물자도 아끼고, 돈도 아끼니 좀 좋아? 일석삼조잖니."

"휴."

그 어떤 말로도 아빠를 이길 수가 없다.

대체 우리 아빤 어쩌다 이렇게 지독한 구두쇠가 된 걸까. 사람들은 그게 다 아빠가 어렸을 때 가난해서 고생을 했기 때문이라고 했다. 아빠가 어렸을 때만 해도 동네에서 제일 가난했다고.

아빠가 어렸을 때는 학교에 수업료를 내야 했다. 그런데 아빠는 수업료를 제때 내지 못해서 학교에도 마음대로 갈 수 없었다.

"아빠가 마을에서 제일가는 부자가 될 수 있었던 건 달걀 한 알 때문이었단다."

달걀 얘기는 귀에 딱지가 앉을 정도로 자주 들었다.

어느 날 아빠는 품삯으로 달걀을 하나 받았는데, 당장 삶아 먹고 싶은 마음이 굴뚝같았다고 했다. 하지만 군침을 삼켜 가며 아랫목에서 알을 부화시켰다는 것이다. 며칠이 지나자 알 속에서 노란 병아리 한 마리가 태어났고, 그 병아리가 무럭무럭 자라서 닭이 되었다. 그 닭이 자라서 달걀을 낳게 되었고, 아빠는 그것들을 부화시켜서 더 많은 닭을 키우게 되었다.

"그런 다음 아빠는 돼지를 샀지!"

아빠는 닭을 팔아 번 돈으로 돼지 한 마리를 샀는데, 그것 역시 닭처럼 금세 수가 늘어났다. 한 마리였던 돼지가 두 마리가 되고, 두 마리였던 돼지가 여덟 마리가 되는 건 눈 깜짝할 사이의 일이었다고.

"그 돼지를 팔아서 송아지를 샀는데, 이게 복덩어리였지."

아빠가 산 암송아지는 무럭무럭 자라서 암소가 되었다. 운 좋게도 그 소는 여러 마리의 새끼를 낳았고, 그 새끼들도 자라서 한꺼번에 여러 마리의 새끼를 낳아 주었다. 덕분에 아빠는 소가 무려 오십 마리나 있는 큰 축사의 주인이 되었다.

"주충아, 부자가 되는 건 간단해. 열심히 일하면 돼. 남들보다 더 부지런히, 더 노력하면 반드시 땀은 그 대가를 보상해 주기 마련이다."

아빠는 정직하게 노력하고 부지런히 일하면 행복은 저절로 따라온다고 입버릇처럼 말했다.

하지만 나는 그때마다 '갖고 싶은 것도 마음대로 가질 수 없고 쓰고 싶은 것도 마음대로 쓸 수 없는데 뭐가 행복하다는 거예요?'라고 따지듯 묻고 싶었다.

"참, 오늘부터 소식이는 네가 돌봐야 하는 거 알지?"

"네?"

소식이는 얼마 전 새로 태어난 송아지였다. 아빠는 내가 부자가 되려면 소식이를 잘 돌봐야 한다고 했다. 내가 시큰둥한 표정으로 소식이를 바라보자 아빠가 특명을 내렸다. 바로 소식이를 동생처럼 돌보는 일이었다.

"네가 소식이를 책임지기로 했잖아."

아빠는 소식이가 태어나자 내게 책임을 져야 한다고 당부했다. 이것은 부자가 되는 훈련법 중 하나라고 하면서.

"그럼 학교는 어떡하고요?"

"학교에 데려가든, 나무 밑에 묶어 뒀다 데려오든 네가 알아서 해야지. 이제부터 소식이는 네 것이니까."

"하지만……."

나는 말끝을 흐리며 소식이를 바라보았다. 눈치 없는 소식이는 "음모!" 하고 소리를 내며 혀를 할짝거렸다.

"주충아, 아빤 공부보다 중요한 게 소 키우는 법이라고 생각해. 소만 있으면 얼마든지 부자가 될 수 있고, 그럼 행복하게 살 수 있다."

아빠가 이렇게까지 말했으니 더 이상 되돌릴 수 없었다. 나는 하는 수 없이 고개만 끄덕였다.

"야, 네가 진짜 내 동생도 아닌데 어떻게 데리고 다니면서 책임을 지니……?"

"음모!"

"너 혼자 놀 순 없겠지?"

"음모!"

"너한테 묻는 내가 바보지. 됐다, 됐어."

나는 소식이를 어떻게 하면 좋을까 고민하다가 학교로 데리고 갔다.

어쩐지 소식이가 밥을 안 먹어도 내 탓이 될 것 같고, 소식이를 잃어버려도 내 책임이 될 것 같다는 생각이 들어서 선택한 결정이었다.

소식이를 데리고 교실 안으로 들어가자, 아이들이 눈을 휘둥그렇게 치켜떴다. 놀라지 않은 건 말년 할머니밖에 없었다. 그나마 말년 할머니는 집에서 소를 키우니 별로 놀라지 않았다.

"주충아, 이게 웬 송아지야?"

"오늘부터 소식이를 내가 돌보기로 했거든……. 앤 내 동생이나 다름없어. 그러니까 이해해 줘."

"음모!"

소식이도 잘 부탁한다는 듯 꼬리를 흔들며 울었다. 그때 수업을 알리는 시작종이 울렸다. 아이들은 재빨리 자리로 가 앉았지만 나는 차마 그럴 수가 없었다. 소식이에게 자리에 앉으라고 몇 번이나 부탁을 했지만 멀뚱멀뚱 서 있기만 했다. 결국 나는 소식이와 함께 교실 뒤로 가 서 있었다.

"애들아, 좋은 아침이야!"

선생님이 문을 열고 들어오며 인사했다. 나는 얼른 소식이를 뒤로 감추었다.

"주충이는 왜 자리에 앉지 않니?"

선생님의 물음에 대답을 하기도 전에 소식이가 "음모!" 하고 울음을 터뜨렸다. 깜짝 놀란 선생님이 소식이를 보고 바닥에 털썩 주저앉았다.

"이, 이게 뭐니?"

"송아지요……. 제 동생 같은 녀석이에요."

선생님은 무척 놀란 듯했다. 나는 그런 선생님에게 소식이와 함께 수업을 듣게 해 달라고 졸랐다.

"함께 수업을 듣겠다고?"

"소식이를 함부로 두면 아빠한테 혼난단 말이에요."

"하지만……."

"선생님께서 행복이 뭔지 고민해 보라고 하셨잖아요. 아빠가 그러는데 제가 소식이를 잘 키우면 행복해질 거랬어요. 돈이 많아지니까 저절로 행복해진다고요."

내 말을 들은 선생님이 잠시 침묵했다. 침묵을 깬 건 소식이었다.

소식이가 눈치 없이 교실에다 똥을 우지끈 싸 버린 것이다. 모락모락 김과 함께 지독한 냄새가 피어올랐다.

아이들이 코를 틀어막으면서 "윽!" 하고 소리를 내질렀다.

"소식아, 형이 공부하는 데다 실례를 하면 어떡해!"

나는 소식이의 엉덩이를 손바닥으로 찰싹찰싹 때리며 혼내는 시늉을 했다.

그러거나 말거나 소식이는 눈치 없이 똥을 계속 뿌지직뿌지직 싸 댔다. 아무래도 아침에 사료를 너무 많이 먹인 모양이었다.

"윽, 교실이 똥밭이 됐네!"

"냄새가 너무 지독해!"

아이들은 코를 틀어막고 교실 밖으로 뛰쳐나갔다. 선생님도 도저히 못 참겠는지 문을 열고 나갔다. 결국 나는 혼자서 소식이의 똥을 치워야만 했다.

"무슨 행복이 이래? 네가 나한테 얼마나 큰 행복을 가져다줄지는 모르겠지만 지금 이 순간만큼은 정말 속상하다."

나는 소식이를 향해 눈을 흘기며 똥을 치웠다. 코끝으로 지독한 똥 냄새가 밀려왔다.

금방이라도 "웩!" 하고 토악질을 하고 싶을 정도였다.

"아무래도 오늘은 밖에서 수업을 하는 게 좋겠구나."

"그게 좋을 것 같아요!"

똥을 다 치우고 나서도 교실 안은 냄새가 진동했다. 아직 몸집도 자그마한 녀석이 얼마나 똥을 많이 쌌는지, 교실 전체가 소식이의 똥 냄새로 몸살을 앓았다.

우리는 선생님과 함께 등나무 아래 놓인 의자에 둘러앉았다.

"선생님, 여기서 무슨 수업을 하죠?"

"리코더도 안 챙겨 왔는데……."

아이들은 교실로 돌아가기 두려운 듯한 표정으로 선생님과 나를 번갈아 보았다. 눈치 없는 소식이가 내 옆에서 혀를 할짝거렸다.

"아까 주충이가 소를 키우면 행복해질 거라고 했어요. 여러분도 그 말에 동의해요?"

나는 침을 꼴깍 삼키며 아이들을 바라보았다. 그때 리별 누나가 손을 번쩍 들더니 이렇게 말했다.

"저는 동의하지 않아요."

"왜?"

"부자가 된다고 해서 반드시 행복해지는 건 아닐 테니까요. 부자도 불행할 수 있잖아요. 반대로 가난한 사람도 행복할 수 있고요. 그러니까 제 생각엔 행복은 돈이랑 상관없는 것 같아요."

선생님이 이번에는 나를 지그시 바라보았다.

"주충아, 네 생각은 어때?"

"저는……."

나는 리별 누나의 말에 맞장구를 쳐야 하나, 아니면 아빠의 말에 맞장구를 쳐야 하나 망설였다. 결국 나는 고개를 푹 숙인 채 이렇게 대꾸했다.

"잘 모르겠어요."

그날 오후 소식이랑 같이 털레털레 집으로 돌아갔다. 나는 길을 가다가 문득 걸음을 멈추었다. 길가에 드리워진 커다란 서낭당 그림자가 눈에 들어왔기 때문이다.

"서낭 할머니는 어떤 게 옳은지 답을 알고 계시겠지?"

나는 우주인 형이 했던 얘기가 떠올랐다. 서낭 할머니 배꼽에 난 구멍에다 편지를 써서 넣었더니 답장이 왔다고 했다.

나는 주인 형이 했던 것처럼 서낭 할머니께 편지를 써 보기로 마음먹었다.

> 할머니, 안녕하세요.
> 저는 큰소리밭학교 3학년 우주충이라고 해요.
> 이름이 우주충이지 제가 우중충한 건 아니니까 오해는 하지 마세요.
> 할머니께 이렇게 편지를 쓰는 건 궁금한 게 있어서예요.
> 할머니. 아빤 돈이 많으면 저절로 행복해진다고 말씀하세요.
> 하지만 저는 **돈이 많으면 정말 행복해지는지 헷갈려요.**
> 어떤 게 정답일까요?

나는 고민 끝에 쓴 편지를 서낭 할머니의 배꼽에 난 구멍에다 쏙 집어넣었다.

그리고 다음 날, 서낭 할머니의 배꼽 속에 손을 집어넣어 보았더니 그 속에 참말 편지 하나가 들어 있었다.

"음모?"

소식이도 믿을 수 없다는 듯 고개를 갸웃거렸다. 편지는 하얀 봉투 속에 들어 있었는데, 뜯어 보니 이런 글이 쓰여 있었다.

진정한 행복은 돈으로 살 수 있는 게 아니란다.

네덜란드 속담에는 이런 말이 있어.

'돈으로 집은 살 수는 있지만 단란한 가정은 살 수 없고,

침대는 살 수 있지만 잠은 살 수 없다.'

세상에는 돈보다 가치 있는 것이 많아. 그리고 그것은 돈이 많아도 얻기 어렵지.

우리 삶을 풍요롭고 아름답게 해 주는 것들은 결코 돈으로 얻을 수 있는 것이 아니거든.

물론 이런 생각을 할 수는 있겠지. '돈이 있으면 하고 싶은 일을 좀 더 편하게 할 수 있으니 행복하지 않을까?' 하고 말이다.

돈은 살아가는 데 있어 꼭 필요하단다. 그러나 그것으로 행복을 살 수는 없다는 걸 명심해야 해.

돈으로 진정한 우정을 살 수 있을까?

돈으로 한번 나빠진 건강을 다시 원래대로 고칠 수 있을까?

돈으로 이미 지나간 시간을 다시 살 수 있을까?

절대 아니란다.

그러니 돈은 살아가는 데 꼭 필요하지만, 행복해지기 위해 반드시 필요하지 않다는 점을 깨달아야 해.

편지를 읽고 보니 내가 마을에서 제일가는 부잣집 아들임에도 불구하고 늘 행복하지 않았던 까닭이 무엇인지 어렴풋이나마 알 것 같았다.

"그래. 아빠는 열심히 일해서 돈을 번 덕분에 행복했는지 몰라도, 난 아빠랑 달라. 난 내 행복을 돈과 바꾸고 싶지 않으니까."

나는 아빠한테 이 이야길 꼭 해 주고 싶었다.

"아빠, 돈을 아무리 열심히 모아도 돈으로 행복을 살 수 없어요."

여기까지 생각하고 나니 어쩐지 가슴이 후련해지는 것 같았다.

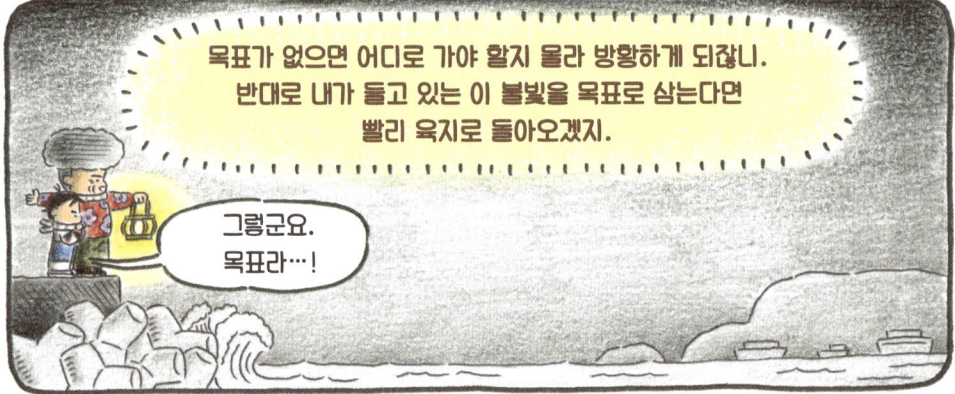

> 행복은 기다리면 저절로 찾아오는 행운이 아닙니다.
> 행복은 우리가 열심히 노력해서 정복해야만
> 누릴 수 있는 것입니다.
>
> **버트런드 러셀** 영국의 철학자

목표가 있는 사람과 없는 사람의 차이가 무엇인지 아세요?

우선 목표가 있는 사람은 실패를 맛보더라도 금세 다시 일어나요. 목표만큼 달려가려면 머뭇거릴 시간이 없거든요. 하지만 뚜렷한 목표가 없는 사람은 한 번의 실패에도 쉽게 좌절하고 주저앉기 쉽지요.

예를 들어서 내게 '만 원을 모아서 장난감을 사야지.'라는 목표가 있다면 군것질하고 싶은 것도 참고, 피시방 가고 싶은 것도 참고 돈을 모으기 위해 노력하겠지요.

그러면서 아껴 쓰는 절약 정신도 배우고, 원하는 것을 노력해서 얻었을 때의 기쁨도 맛보게 돼요. 하지만 목표가 없으면 금세 돈을 써 버리기 십상이에요. 뚜렷한 목표가 없으면 행동에 큰 의미가 없어지거든요.

오말년의 행복 수업

할머니는 2학년

행복할 자격이 따로 있나요?

몇 달 전의 일이었다.

나는 읍내에 새로 생긴 마트에 장을 보러 갔었다.

"이보시오, 샛별마트가 어디 있는가?"

"할머니도 참, 여기가 바로 샛별마트잖아요. 저기 저 간판 안 보이세요? 크게 쓰여 있는데."

"아……!"

나는 일부러 두 눈을 떴다 감았다 하고, 몇 번을 비벼 댔다. 내가 글자를 못 읽는다는 걸 들키기 싫어서 앞이 잘 안 보이는 척했다.

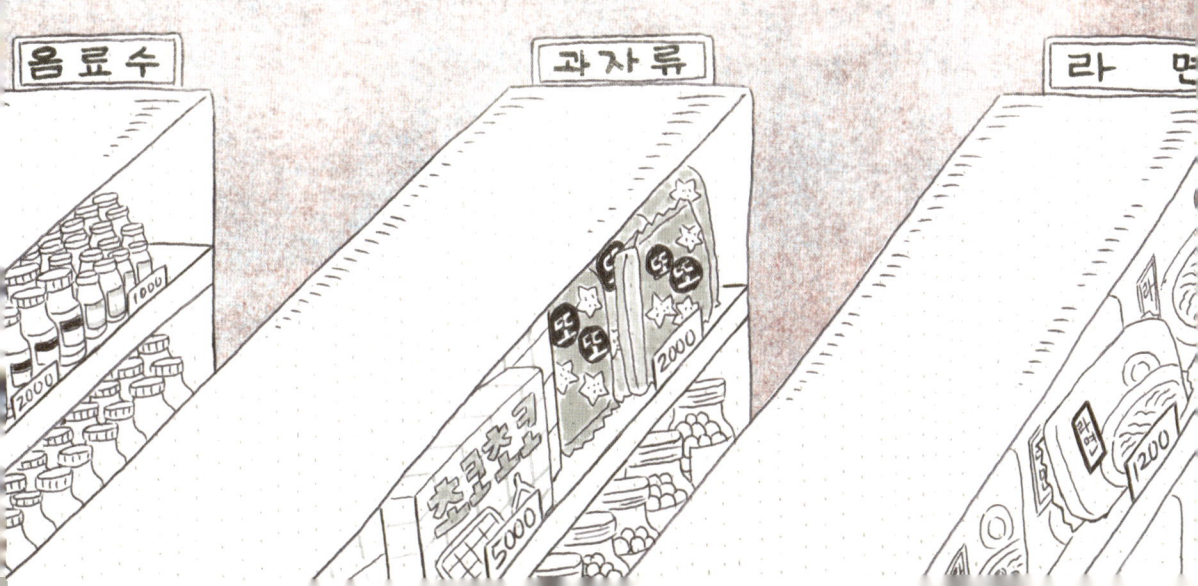

"고맙소."

나는 대충 인사를 하고 부랴부랴 마트 안으로 들어갔다. 그러나 마트 안에서 물건을 사려면 또 한 번 고비를 넘겨야만 했다.

"나가 참기름을 사러 왔는디, 그건 어디 있는가?"

"할머니, 저쪽 코너에 '조미료'라고 쓰여 있어요."

나는 눈을 끔뻑거리기만 했다. 그사이 점원들은 다른 일을 하느라 분주했다.

나는 지나가는 사람의 바지 자락을 붙잡고 어디에 '조미료'라고 쓰여 있는지 묻고 싶었지만 차마 그럴 수가 없었다. 내가 까막눈이라 한글은커녕 낫 놓고 기역 자도 모른다는 사실을 드러내고 싶지 않았다.

내 이름은 오말년이다.

일곱 형제 중 막내로 태어났다고 해서 '말', 여자라고 해서 '년'이라는 글자를 이름으로 갖게 되었다.

그때만 해도 첫째는 일식이, 둘째는 이식이, 셋째는 말식이……. 대충 이런 식으로 이름을 짓고 불렀다. 대부분의 사람들은 자기 이름 석 자를 쓸 줄 몰랐다. 물론 나도, 내 어머니도, 아버지도 마찬가지였다.

"엄니, 지도 오라버니처럼 공부를 허고 싶구만요."

"핵교는 남자들만 댕기는 덴데."

내가 어렸을 때만 해도 공부는 남자가 하는 것이었다. 여자는 그저 밥 잘하고, 빨래 잘하고, 바느질 잘하면 되는 세상이었다. 대부분의 사람들은 여자가 글을 배워 봤자 아무짝에도 쓸모없다고 생각했다. 내 부모님도 그런 생각을 하긴 마찬가지였다.

내 부모님은 맏아들과 둘째 아들만 학교에 보내고 나머지 동생들은 모두 농사일을 시켰다. 나도 당연히 농사일을 배우고, 집안일을 배워야만 했다.

나는 아침마다 책가방을 메고 학교에 가는 아이들을 부러운 눈으로 바라보았다. 반듯하게 다려 입은 교복이 어찌나 예뻐 보였는지! 나도 단 하루만이라도 학교에 갈 수 있다면 좋겠다는 생각을 하며 눈물을 훔쳤다.

"엄니, 공부는 왜 남자만 한대요? 여자도 선상이 될 수 있고, 높은 사람도 될 수 있는 법이지라."

내가 따져 묻자 엄마는 등짝을 착 때리며 눈을 흘겼다.

"아서라, 아서. 꿈도 크지. 여자가 어떻게 선상이 되고 높은 사람이 되겄어?"

"내 꿈은 선샹님인디."

"여자는 그저 시집가서 애 잘 낳고, 살림 잘하면 되는 법이여."

내 꿈은 선생님이 되는 것이었다. 그래서 나처럼 가난한 집에 사는 여자아이도 글을 배울 수 있게 도와주는 것이 소원이었다. 하지만 나는 그럴 수가 없었다. 학교에 가고 싶었지만 다닐 수 없었다.

그 후 나는 부모님이 시킨 대로 결혼을 했고, 부지런히 농사를 지으며 자식을 돌보았다. 하지만 글자를 모르니 불편한 게 한두 가지가 아니었다. 식당도 찾을 수 없었고, 버스도 마음대로 탈 수 없었다. 편지도 못 읽었고, 보고 싶은 마음을 글로 써서 전한다는 건 상상조차 할 수 없었다.

세상은 온통 글자로 넘쳐 나는데 나만 깜깜한 세상에 살고 있었다.

"말년 할머니, 외국에 일하러 간 아들한테 편지가 왔네요."

어느 날, 아들이 먼 나라로 떠나게 됐다. 그 당시만 해도 외국에서 전화를 하는 것이 쉽지 않았다. 아들은 전화로 안부를 묻는 대신 내게 꼬박꼬박 편지를 보냈다. 하지만 나는 그 편지를 한 글자도 읽을 수가 없었다.

"뭐라고 쓰여 있는교?"

나는 우편배달부에게 편지를 읽어 달라고 떼를 썼다. 우편배달부는 바쁜 일을 멈추고 내 앞에서 편지를 읽기 시작했다.

"어머니, 몸 편히 잘 지내고 계신가요. 저는 리비아라는 나라에 와 있습니다. 이곳은 모래사막이 끝도 없이 펼쳐진 곳입니다."

"사막이 뭔교?"

"모래밭이요, 모래밭."

"모래밭이 넓어 봤자지. 그게 끝도 없이 펼쳐진 세상도 있다고?"

"리비아라는 나라는 그렇다네요. 마저 읽을게요. 리비아에서는 바람이 불 때마다 모래가 실려 옵니다. 숨을 크게 쉴 수도 없습니다. 모래 먼지를 들이마시게 되거든요. 하지만 걱정 마세요. 저는 부지런히 일하고 있습니다."

우편배달부는 아들의 소식을 담담하게 읽어 주었다.

나도 아들에게 답장을 보내고 싶었지만 그럴 수 없었다. 글자를 모르니까 엄마라는 말도, 아들이라는 말도, 보고 싶다는 말도 쓸 수 없었다.

그렇게 또 세월은 흘렀고 아들이 결혼해서 손자가 태어났다.

"할머니, 동화책 읽어 줘."

"할미가 그냥 옛날이야기 해 주면 안 될까? 옛날 옛날에 말이다, 엄청시리 큰 호랑이가!"

"싫어, 이 책이 보고 싶단 말이야!"

내가 우물쭈물 망설이자 아들이 이렇게 말했다.

"성호야, 할머니는 글자를 모르셔. 그러니까 동화책은 엄마한테 읽어 달라고 해."

그 말이 가시처럼 가슴에 콕 박혀 버렸다.

'나도 손자에게 책을 읽어 줄 수 있으면 좋으련만……'

하지만 어디에 가서 글을 배워야 할지 막막했다.

그러던 어느 날 마을 사람들이 하는 얘기를 우연히 듣게 되었다.

"학교에 다닐 애들이 점점 줄어들어서 큰일이네."

"옛날에는 우리 큰소리밭학교가 윗마을, 아랫마을 학생까지 모두 합쳐서 수백 명이 될 때도 있었는데……."

"지금은 학생이 줄어서 학교가 문을 닫을 지경이라니, 쯧쯧!"

사람들은 이대로 가면 학교가 사라지고 말 거라며 걱정했다.

"저기…… 핵교엔 아무나 갈 수 있는교?"

"그럼요, 어르신."

"나이가 많아도 괜찮은가?"

"배우는 일에 나이가 무슨 상관이겠어요. 여덟 살 아이도 여든 살 노인도 배워야 하는 거라고요."

그 말에 나는 용기를 내어 학교에 가 보기로 마음먹었다. 그 결심을 하게 된 것이 바로 작년 이맘때였다.

1학년이 된 나는 책가방도 사고, 공책도 사고, 연필도 사고 예쁜 새 옷도 마련했다. 학교에서 신을 실내화도 새로 샀다.

"어머니, 정말 학교에 다니시려고요?"

"그래, 그렇다니까."

"그냥 집에서 글을 배우시는 게 어때요?"

아들은 내가 학교에 가는 것이 무척 부끄러운 눈치였다.

"싫다. 나도 선상님이 가르쳐 주는 걸 배우고 싶당게. 칠판 보고 글자

도 읽고, 노래도 부르고, 그 뭐시냐, 운동회도 하고 싶다고."

아들이 반대했지만 나는 끝끝내 1학년이 되었다.

'이제 오말년이도 학상이 되는 거여. 꿈에도 그리던 학상! 내가 죽기 전에 핵교 문턱을 밟아 보고, 이게 꿈인가 생신가 모르긋네!'

그날 이후 나는 쉬는 시간에도 꼼짝하지 않고 자리에 앉아 공부를 한다. 의자에 엉덩이를 찰싹 눌러 붙이고 공책에다 연필을 꾹꾹 눌러 가며 글자를 쓴다.

"가갸거겨고교…… 나냐너녀노뇨누뉴…….''

1학년이 된 나는 학교에서 가나다라마바사도 배우고 1234도 배우고 ABCD도 배우게 되었다. 이제 내 이름을 또박또박 쓰는 일쯤은 누워서 식은 죽 먹기다. 그런데 아직 받침이 있는 글자는 영 서툴다.

무려 칠십 년이 넘게 바라본 해 질 녘의 '녘'은 왜 받침으로 'ㅋ'이 들어가는지 '넋'은 왜 한꺼번에 'ㄱㅅ'이라는 글자를 같이 써야 하는지 이해가 잘 안 간다.

그래도 내 이름을 또박또박 쓸 수 있다는 게 어딘가!

그런 어느 날, 학교에 아주 멋진 여 선생님이 오셨다.

선생님은 칠판에다 크게 자기 이름을 썼다. 그러고서 "여러분은 어떨 때 행복한가요?"라고 물었다.

"행복, 그야 옥시시 잘 익고, 벼이삭 잘 익고, 감 주렁주렁 열리고 자식들 잘 살면 행복한 거이지. 그깟 게 뭐 대순교."

내가 대답하자 옆집에 사는 내 손자의 친구이자, 같은 학교 학생이자, 나보다 무려 두 학년이나 높은 선배인 우주왕이 또박또박 해석을 해 주었다.

"행복은 옥수수 잘 익고, 벼이삭 잘 익어 농사 잘되고, 감 주렁주렁 열려서 풍성해지고 자식들이 모두 잘 사는 모습을 보는 것이 행복이랍니다. 별거 아닌 게 바로 행복이라고요."

"멋진 대답이네요!"

선생님이 나를 향해 손뼉을 쳤다. 다른 아이들도 덩달아 손뼉을 쳤다. 나는 어깨가 우쭐했다. 모두가 내 대답을 듣고 엄지를 척 내밀며 칭찬하다니. 아하, 이 맛에 학교를 다니나 보다, 생각했다.

그런데 그날 저녁 아들이 물었다.

"어머니, 학교에 다니는 거 이제 그만하시면 안 돼요?"

"아니, 왜?"

"어머니 연세가 한둘도 아니고, 일흔일곱이나 되신 분이 열 살 남짓한 애들하고 같이 공부한다는 게 좀 그렇잖아요. 어머니는 좋을지 몰라도 자식들 입장에선 좀 그래요. 그냥 조용히 집에서 공부를 하시는 게 어때요?"

"넌 이 어미가 핵교에 가는 게 그렇게 싫으냐……?"

"예."

아들이 단호하게 말했다. 아들은 내가 나이답게 행동했으면 좋겠다고도 소리쳤다. 그 순간 선생님이 해 준 말이 머릿속을 맴돌았다. 배움에 나이가 어디 있단 말인가. 어른이든 아이든 배우고자 하는 마음만 있으면 학생이 될 수 있다는데, 왜 그걸 억지로 막으려는 것일까.

"근데 나는 핵교에 가면 행복하다."

"어머니, 어머니가 학교에 가면 자식들이 속상하다고요."

그 말을 들으니 마음이 괴로웠다. 지금껏 좋은 것도 제대로 해 준 적 없고, 뒷바라지도 제대로 해 주지 못한 내가 자식들을 괴롭힌다는 게 가당키나 한 일인가 하는 생각이 들었다.

"생각해 보마."

나는 어렵사리 대답했다.

'나는 자속들 보기에 부끄러운 어미일 수 있지. 이제 와 무슨 영화를 보겠다고 애들을 부끄럽게 하겠어. 나만 참으면 되는데. 내 주제에 행복은 무슨 행복.'

이런 생각이 들었다가도 한편으로는 다른 생각이 들었다.

'아니, 나가 그동안 뭘 잘못했어? 지금은 좀 부끄러울지 몰라도 한글로도, 영어로도 이름을 척척 쓸 수 있고, 글자도 술술 읽을 수 있게 되면 그땐 더 자랑스럽지 않겠어? 이렇게 행복한데 왜 그만둬야 한다는 겨?'

나는 마음이 갈팡질팡했다.

이럴 땐 맑은 물 한 그릇을 떠 놓고 서낭 할머니께 빌어 보는 게 제일 좋다. 할머니께선 좋은 답을 찾아 줄지도 모르니까.

쇠뿔도 단김에 빼랬다고, 나는 생각난 김에 곧장 서낭 할머니 앞에 무릎을 꿇고 앉아 기도를 하기 시작했다.

할매요, 할매요, 서낭 할매요. 나가 과연 행복하게 공부하는 것이

우리 아들 얼굴에 먹칠하는 건교.

나는 행복해질 자격이 없는 사람입니꺼?

나는 우찌해야 할지 모르겠십니더. 할매요, 답을 알려 주이소.

나는 두 팔을 크게 벌렸다 모으며 공손히 절을 올렸다.

이튿날, 학교에 도착해 보니 내 책상에 편지 한 통이 놓여 있었다.

편지의 겉봉투에는 '오말년 님에게'라는 글자가 쓰여 있었다. 나는 편지를 펼친 다음 더듬더듬 읽기 시작했다.

행복해지는 데 자격이 필요할까요?
누구나 행복할 수 있어요.
사람은 누구나 행복하기 위해 살아가잖아요.
오히려 행복할 수 있는 방법을 알고 있음에도 불구하고
실천하지 않는 사람이 어리석은 거예요.

할머니는 충분히 행복할 자격이 있답니다.
그러니 하고 싶은 일을 하세요.

할머니는 결코 부족하지 않아요.
그 자체만으로도 빛나고 아름답답니다.
그러니 용기를 가지세요.

> 스스로 행복해지고 싶다면
> 먼저 자기 자신을 인정하고, 소중하게 여겨야 해요.

나는 편지를 책상 위에 올려놓고 큰절을 올렸다. 놀란 아이들이 두 눈을 휘둥그렇게 뜨고 "왜 그러세요?"라고 물었다.

"서낭 할매가 편지를 보냈다 아이가. 하늘에서 보낸 편지니께 예를 가차 큰절을 해야지."

우주왕이 또 내 말을 해석했다.

"서낭 할머니가 말년 할머니한테 편지를 보내 줬대. 하늘에서 보내 준 편지니까 예를 갖추려고 큰절을 하셨대."

"하늘에서 편지를 보냈다고요?"

아이들이 동그란 눈으로 나와 편지를 번갈아 보았다. 나는 힘차게 고개를 끄덕였다.

내가 고민을 털어놓은 사람은 서낭 할머니밖에 없으니까, 이 편지를 보낸 것도 서낭 할머니임에 틀림이 없다.

행복이 든 보따리

태양을 볼 수 있는 사람은 모두 행복하고
태양을 볼 수 없는 사람은 모두 불행한 게 아니랍니다.

헬렌 켈러 미국의 작가이자 사회사업가

헬렌 켈러는 앞을 볼 수 없었지만 누구보다 멋지고 당당하게 살아간 학자였어요.

헬렌 켈러가 한 말의 의미는 멀쩡한 눈을 갖고 있어도 행복의 의미를 모르는 사람은 불행하고, 자기처럼 눈이 안 보이는 사람이라 할지라도 행복의 의미를 아는 사람은 얼마든지 삶에 감사하고 행복을 누릴 수 있다는 뜻이랍니다.

어떤 사람은 금화를 100개나 갖고 있어서 행복하고, 어떤 사람은 금화를 100개밖에 갖지 못해서 불행하다고 생각하지요. 이렇듯 자신의 삶에 어떻게 만족하느냐에 따라 행복은 있기도 하고 없기도 하고, 커지기도 하고 작아지기도 한답니다.

우리별의
행복 수업

나 혼자면 어때!

혼자라도 행복할까요?

사람은 다른 사람과 함께 힘을 합쳐 돕고,
기쁨을 나누고, 슬픔을 이겨 내고,
목표를 정해 한 발 한 발 나아가야 하지.
혼자서 할 수 있는 일은 거의 없단다.

내 이름은 우리별.

　큰소리밭초등학교의 유일한 5학년 여학생이다.

　나는 학교에 가는 게 싫다. 다른 아이들하고 비교되는 것 같아서다. 나보다 어린애들도 훨씬 똑똑한 것 같고, 모두 나보다 행복해 보인다. 그도 그럴 것이 나는 고작 초등학교 5학년인데도 불구하고 70킬로그램이 넘는 뚱땡이다. 똑같이 음식을 먹었는데도 나만 더 살이 찌는 것 같고, 어쩐지 나만 불행한 것 같아서 슬프고 짜증이 난다. 내가 이런 생각을 하게 된 건 엄마가 집을 나가고부터 더욱 심해졌다.

엄마는 아빠랑 살기 싫다며 이혼을 했다. 그때부터 아빠는 날마다 술을 먹었다. 나도 다른 집 아이들처럼 엄마, 아빠가 잘 지내는 그런 행복한 집에서 살고 싶은데…….

"아유, 쟤는 엄마가 없어서 옷을 이상하게 입고 다니나 봐."

"어쩐지 옷도 좀 더럽고 유행이 지난 게 구식인 것 같지?"

사람들은 조금만 남과 달라도 흉을 보고 트집을 잡는다.

엄마랑 아빠가 이혼한 건 내 잘못이 아닌데 어느새 사람들은 나를 밀어내고 있다.

"아빠, 나 말이야, 학교에 꼭 가야 해? 애들이 돼지라고 놀려."

"시끄러워. 학교에 가서 공부해야지. 학교도 안 다니면 사람들이 더 무시하고 흉보는 법이야."

"하……."

왜 사람들은 자기와 다른 걸 인정해 주지 않을까.

학교에 다니는 사람이 있으면 반대로 안 다니는 사람도 있고, 키가 큰 사람이 있으면 작은 사람도 있고, 홀쭉한 사람이 있으면 뚱뚱한 사람도 있는 거 아닌가?

어떤 때는 사람들이 내 뒤에서 이렇게 수군거리는 것 같았다.

"와, 땅이 꺼지겠어."

"지진 난 거 아니야?"

"크크, 뚱뚱해서 땀을 저렇게 흘리나 봐."

"쟤는 뭐든 다 먹어 치울 것 같아."

사람들은 자기와 조금만 달라도 받아들이려고 하지 않는다. 따돌리고, 괴롭히고, 미워한다. 나는 그런 사람들이 몹시 싫다.

얼마 전의 일이었다.

아빠랑 모처럼 외식을 갔을 때였다. 식탁 위에 아직 치우지 않은 고기 그릇이 있었다. 그런데 식당을 찾은 사람들이 그걸 보고 "쟤는 저렇게 뚱뚱하니까 먹기도 엄청 먹나 보다."라며 수군거렸다. 그저 내 외모만 보고 내가 당연히 그렇게 행동할 것이라고 생각했다. 나는 사실 고기보단 채소를 더 좋아하는데 말이다.

나는 몹시 억울했지만 한마디도 할 수 없었다. 결국 그날 고기도 먹는 둥 마는 둥 하고 입을 쩝쩝거렸다.

"야, 넌 뚱뚱하니까 엄청 게으르겠다. 원래 게으른 사람들이 살이 찌잖아."

"넌 뚱뚱하니까 엄청 둔하겠다. 뚱뚱한 사람들은 움직일 때도 느릿느릿하던데."

사람들은 내가 무엇을 좋아하는지, 무엇을 잘하는지는 관심이 없다. 그저 내 겉모습만 보고 "뚱뚱하니까 체육은 못하겠지?", "뚱뚱하니까 고기를 좋아하겠지.", "엄마가 없어서 저렇겠지."라는 식으로 판단해 버린다.

그런데 식당에서 누군가 나를 향해 알은체하는 소리가 들려왔다.

"어머, 우리 리별이는 채소를 더 좋아하는데! 아줌마, 여기 버섯 좀 더 주세요. 이 아이가 고기보단 버섯이나 김치를 더 좋아해요."

나는 놀라서 뒤를 휙 돌아보았다. 목소리의 주인공은 바로 새로 온 미화 선생님이었다.

"먹어. 사람은 뚱뚱할 수도 있고 홀쭉할 수도 있어. 사람들이 뭐라든 죄인처럼 고개를 숙일 필요는 없어."

선생님이 사람들 들으라는 듯 큰 소리로 말했다.

"선생님도 제가 이상해 보여요? 불쌍하고 안쓰러워요?"

"그런 게 아니야."

"관두세요! 그런 동정은 필요 없어요!"

나는 식당 문을 밀치고 나와 버렸다.

아빠랑 선생님이 "리별아, 우리별!" 하고 내 이름을 애타게 불렀지만 뒤돌아보지 않았다. 그 순간 선생님이 나를 진정으로 이해해 준다기보다는 동정하고 있는 게 아닐까 하는 생각이 들었다.

나는 사람들이 싫다. 나를 이상하게 보는 시선이 정말 싫다. 아무도 없는 무인도에 가서 혼자 살았으면 좋겠다.

선생님과 어색하게 헤어진 다음 날, 나는 점심시간이 지나서야 학교에 갔다. 아침 일찍 학교에 가기 싫었다. 아이들이 호기심 어린 눈빛으로 보는 것도 싫었고, 애써 어제 일을 변명하듯 말하고 싶지도 않았다. 교실 문을 열고 들어가자 예상한 대로 선생님이 잔뜩 걱정스러운 표정으로 나를 바라보았다.

나는 생각했다.

'제발 나를 동정하지 마세요. 난 불쌍한 아이가 아니라고요. 난 멀쩡해요!'

그때 선생님이 내게 거듭 괜찮냐고 물었다. 나는 퉁명스럽게 대꾸했다.

"그렇게 걱정해 주시는 척할 거 없어요."

"척이라니!"

"차라리 선생님도 다른 사람들처럼 저를 돼지 같다고 흉보고 수군수군 욕하세요."

선생님이 충격적이라는 표정으로 나를 보았다.

사실 내가 선생님의 마음을 못 믿게 된 건 다른 사람 때문이었다. 그러니까 이건 미화 선생님이 학교에 오기 훨씬 전의 일이었다. 나와 아이들은 합창 대회에 나가기 위해 노래를 연습했다. 노래 제목은 〈세상은 모두 하나〉였다.

세상 사람들은 모두 같아요.

　　생김새도 다르고 성격도 다르지만 우리는 모두 같아요.

　　모두 소중하지요.

"우리별이 나와서 노래해 보렴."

"왜요……?"

"리별이 목소리가 제일 우렁차고 예쁘거든."

나는 괜히 신경질이 났다. 내가 뚱뚱하기 때문에 다른 사람보다 목소리도 크고 우렁차다고 말하는 것 같았다. 가사도 마음에 안 들었다. 이런 노래를 부른다고 세상이 달라질 것도 아닌데 말이다.

"선생님은 제가 남들보다 많이 먹고 뚱뚱하니까 목소리도 크다고 생각하세요?"

"뭐?"

나는 노래를 하지 않겠다며 바위처럼 꼼짝도 하지 않았다.

선생님은 멋쩍은 표정으로 아이들을 둘러보고는 말했다.

"그럼 나중에 다시 노래하자꾸나."

그때부터였다. 선생님도 다른 사람들과 똑같다고 생각한 건.

사실 나는 노래 부르는 걸 엄청 좋아한다. 내 목소리가 곱고 아름답게 변하는 게 신기할 정도로 재미있다. 그러나 내 노랫소리를 들은 사람들은 "어머, 뚱뚱한 네가 노래를 이렇게 부른다고?", "이상하다. 목이 다른 사람들보다 두꺼워서 소리가 크게 나오나?"라며 비아냥거렸다.

외모나 체형 때문에 잘하는 것조차도 비웃음을 받아야 하는 게 얼마나 가슴 아픈 일인지 모를 것이다.

이튿날 미화 선생님이 나를 따로 불렀다.

"부르셨어요?"

"리별아, 이번에 열리는 합창 대회에 너를 5학년 대표로 내보냈으면 하는데, 네 생각은 어떠니?"

"제가 왜요?"

"왜라니, 네가 우리 학교에서 노래를 제일 잘하잖니."

"다른 사람들에게 비웃음만 살 거예요. 전 사람들 앞에 나서는 거 딱 질색이라고요."

나는 몸을 휙 돌려 돌아섰다. 그러자 선생님이 내 어깨를 살며시 잡아 돌렸다.

"리별아, 다른 사람의 시선은 중요하지 않아. 중요한 건 네가 어떤 마음을 갖느냐란다."

"네? 그게 무슨 뜻이에요?"

"너의 진짜 모습이 무엇인지 잘 모르는 사람들은 그저 겉모습만 보고 너를 흉볼 수 있어. 함부로 평가할 수도 있지. 하지만 그런 말에 일일이 귀 기울일 필요는 없어. 중요한 건 네 마음이고 생각이지, 남들이 보는 겉모습이 아니니까."

"하지만 사람들은 그렇게 생각 안 할걸요."

"물론 세상 모든 사람들에게 너의 진짜 모습을 알아 달라고 할 순 없겠지. 하지만 너를 정말 아끼고 사랑하는 사람들이 네 진심을 알아주면 되는 거야. 선생님이나 다른 친구들이 보기에 넌 매우 사랑스럽고 귀여운 아이란다."

선생님은 갑자기 노래를 부르기 시작했다. 노래 제목은 〈서로 달라 더 아름다운 세상〉이었다.

> 달라도 좋아 다른 건 특별해.
> 다른 건 멋지지 틀린 게 아니야.
> 서로 달라 세상은 더 아름다워져.
> 서로 달라 더 아름다운 세상.

그 노랫말을 듣는 순간 눈물이 핑 돌았다.

이튿날부터 나와 아이들, 그리고 말년 할머니는 합창 연습을 시작했

다. 큰소리밭초등학교의 전교생 일곱 명이 각자 다른 음을 맡아 불렀다. 그런데 그 소리를 하나로 합치니 세상 어떤 악기 연주보다 아름답고 신비로웠다.

"모두 조화를 이루어 노래하니 정말 아름다운 음악이 되는 것 같아!"

"신기해. 난 노래도 잘 못하는데 어떻게 이런 멋진 노래가 완성될 수 있지?"

아이들은 서로의 얼굴을 쳐다보며 놀라워했다. 나도 사뭇 신기한 표정을 지었다. 그때 선생님이 내게 다가왔다.

"리별아, 아직도 혼자가 편하고 좋다고 생각하니? 과연 혼자 살면 행복할까?

"그건……."

나는 얼른 대답하지 못하고 머뭇거렸다.

선생님이 부드러운 미소를 지으며 말했다.

"천천히 생각해 보렴. 그런 다음 네 생각을 선생님한테 들려줘."

그날 오후 나는 서낭 할머니를 찾아갔다.

말년 할머니는 서낭 할머니를 찾아가면 반드시 물을 떠 놓고 큰절을 올려야 한다고 했다. 나는 시킨 대로 엉거주춤 큰절을 하려다가 자리에 쿵 주저앉고 말았다. 누군가 보았다면 엉덩이가 무거워서 그렇다며 웃음을 터뜨렸을 것이다.

나는 빨갛게 달아오른 얼굴로 서낭 할머니를 보았다. 그 순간 서낭 할머니께서 고요히 나를 바라보는 듯했다.

나는 한숨을 내쉬며 넋두리하듯 혼잣말을 중얼거렸다.

서낭 할머니.
사람은 정말 다른 사람과 **어울려 살아야만 행복할까요?**
혼자서는 절대 행복할 수 없나요?

물론 서낭 할머니는 아무런 대답도 하지 않았다.

"하긴…… 서낭당이 어떻게 대답을 하겠어. 그냥 나무일 뿐이잖아. 애들 말을 믿은 내가 바보지."

나는 주위를 슬쩍 살피고는 잰걸음으로 돌아서 버렸다.

그런데 집으로 가는 내내 누군가 나를 바라보는 듯한 시선이 느껴졌다. 정말 서낭 할머니께서 계시는 건 아닐까 하는 생각이 들었다. 만약 그렇다면 내 고민에 대한 답을 속 시원히 해 주었으면 좋겠다는 마음이 간절했다.

이튿날 아침, 학교에 도착하니 내 자리에 편지 하나가 놓여 있었다. 그 편지에는 '우리별에게'라는 큰 글자가 선명하게 쓰여 있었다.

나는 누가 편지를 놓아두었는지 생각하며 주위를 두리번거렸다. 아이들은 내 자리에 편지가 놓여 있다는 것도 모르는 눈치였다.

"누구지?"

나는 편지를 뜯어 보았다. 놀랍게도 그 속에는 어제 내가 서낭 할머니께 물어본 질문에 대한 대답이 들어 있었다.

사람은 왜 사람들과 어울려 살아야 하냐고?
그건 사람이 결코 혼자서는 살아갈 수 없기 때문이란다.
사람은 다른 사람과 함께 힘을 합쳐 돕고,
기쁨을 나누고, 슬픔을 이겨 내고,
목표를 정해 한 발 한 발 나아가야 하지.
혼자서 할 수 있는 일은 거의 없단다.

힘을 합치면 여러 가지 일을
놀라울 정도로 빨리 해낼 수도 있지.
그것이 함께 하는 힘이거든.
사람은 사람들 속에 어울려 살며 자신의 가치를 깨닫고,
서로의 소중함을 느끼고, 사랑하며 살아갈 수 있어.

> 만약 혼자 세상을 살아간다면 한순간 마음이 편하고 홀가분할지도 모르지.
> 하지만 시간이 지날수록 외롭고 힘들어질 거야.
> 그래서 모두 더불어 살아가야 한단다.

나는 편지를 읽고 또 읽었다. 그때 선생님이 밝은 표정으로 들어오시더니 말했다.

"얘들아, 드디어 합창 대회 날짜가 정해졌단다. 돌아오는 토요일이야. 장소는 시내에 있는 회관이고."

"우아!"

아이들이 책상을 두드리며 기뻐했다. 나는 애써 태연한 표정을 유지하려고 애썼다. 그러나 나도 모르게 입가에 미소가 번졌다.

그때 선생님과 눈이 딱 마주쳤다.

"리별아, 같이 노력할 거지?"

선생님이 내 눈을 바라보며 물었다. 나는 대답 대신 빙그레 미소를 지었다.

"얘들아, 너희도 우리별이랑 함께 노래 부르게 되어서 기쁘지?"

선생님이 묻자 아이들이 갑자기 "네!" 하고 소리 높여 대답했다. 나는 당황스러웠다.

"우리별 누나, 난 누나가 노래하는 모습이 정말 멋있더라."

"나도 나도."

"우리별은 우리 학교의 대표 가수야. 스타지, 스타!"

나중에 알게 되었다. 선생님께서 아이들에게 '다름과 틀림'의 차이에 대해 설명해 주셨다는 것을. 나는 단지 아이들과 조금 다를 뿐이지 틀린 게 아니라는 걸 알려 주셨다고 한다.

내가 다른 사람과 조금 다른 모습일 뿐이라는 걸 인정하려고 애쓰는 친구들의 모습을 보니 마음이 한결 가벼워졌다.

나 혼자 있는 나만의 방

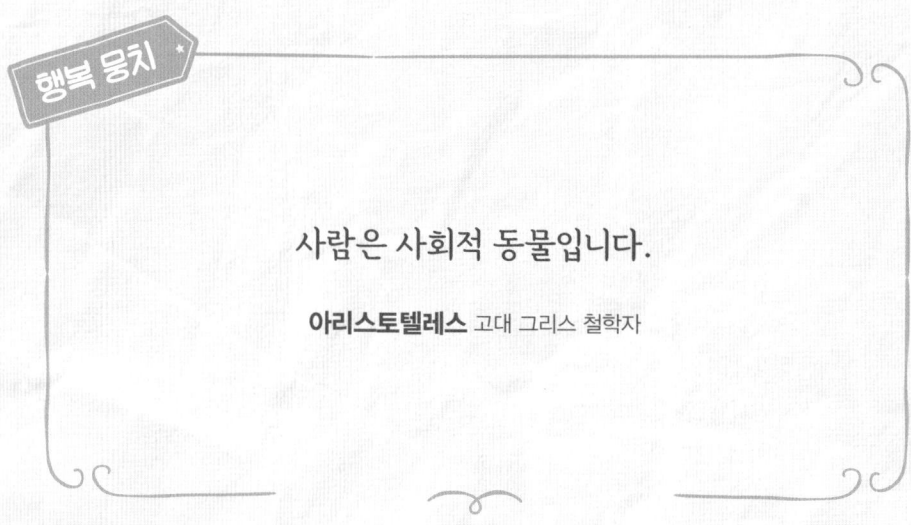

사람은 사회적 동물입니다.

아리스토텔레스 고대 그리스 철학자

사람을 사회적인 동물이라고 하는 까닭은 무엇일까요? 사람은 모여 살아야 한다는 뜻이랍니다.

사람은 혼자서는 절대 살아갈 수 없어요. 다른 사람의 힘을 빌려야만 살아갈 수 있지요. 그래서 사람들은 '공동체'를 이루며 살아갑니다.

속담에도 그런 말이 있잖아요. '백지장도 마주 들면 낫다.' 사람은 혼자서는 해결할 수 있는 일이 별로 없어요. 부족함이 많기 때문이지요. 하지만 저마다 가진 장점을 활용하면 어떤 일이든 척척 해낼 수 있답니다.

때로는 공동체를 떠나 혼자 살아가면 어떨까라는 생각을 하는 사람도 있을 거예요. 하지만 얼마 가지 못해서 외로움과 고독을 견디지 못해 무리 속으로 돌아오게 되는 것이 사람이랍니다.

결전의 날

이기면
행복할까요?

우리 마을 큰소리밭과 이웃 마을 대소리밭은 냇물 하나를 사이에 두고 있다. 냇물의 이름은 오감천이다. 졸졸 흐르는 오감천 냇가에는 마치 송아지를 닮은 모양의 바위가 하나 있는데, 거기엔 아주 특별한 전설이 내려오고 있다. 바로 우리 마을과 대소리밭 마을이 서로 원수 아닌 원수가 된 사연이다.

 아주 먼 옛날부터 큰소리밭과 대소리밭은 오감천을 사이에 두고 마을을 이루며 살았다.

 그러던 어느 날, 마을 뒷산에서 검은 송아지 한 마리가 내려왔다.

 큰소리밭과 대소리밭 사람들은 숯처럼 까만 털을 가진 송아지를 보고 신기해서 눈이 휘둥그레졌다. 지금까지 까만 송아지를 본 적이 없었기 때문이었다.

 "필시 저 송아지는 하늘에서 내려온 것이 틀림없네."

 "하늘님을 모시듯 잘해 주어야지."

사람들은 송아지에게 먹을거리를 주고 잠자리에 짚도 깔아 주고 자식처럼 돌보아 주었다. 그러자 송아지는 사람들의 은혜에 감사하듯 몇 번이고 절을 했다.

그로부터 며칠 뒤, 송아지가 마을에서 감쪽같이 사라져 버렸다. 사람들은 불안해하며 온 마을을 찾아다녔지만 그림자조차 찾을 수 없었다.

그런데 며칠 뒤 냇가에 가 보니 처음 보는 바위가 오감천 한가운데 떡하니 서 있었다. 그 바위는 누가 봐도 영락없이 송아지 모양이었다.

"원래 오감천에 놓인 송아지 바위는 엉덩이가 큰소리밭 쪽을 향해 있었는데 대소리밭에 사는 천하장사가 송아지 바위의 엉덩이 부분을 대소리밭 쪽으로 향하도록 번쩍 들어 옮겨 놨지 뭐여."

할아버지가 침을 튀겨 가며 요란하게 말했다.

"송아지 엉덩이에서 뭐가 나와. 바로 똥이 나오지. 그 똥을 어디다 써? 농사지을 때 비료로 쓰지. 그러니까 대소리밭엔 뭘 심어도 풍년이 든다 이 말이다."

"아!"

솔직히 이 얘기는 몇백 번도 더 들은 얘기라 재미는 없었다. 그래도 나는 마치 처음 듣는 얘기처럼 흥미진진한 표정을 지어 보였다. 할아버지가 행복해하는 일 중 하나가 바로 내게 옛날이야기를 해 주는 일이라는 걸 잘 알기 때문이었다.

"반대로 송아지 입으로 무얼 혀. 오물오물 먹이를 먹지. 그러니까 큰소리밭은 뭘 해도 곡식이 모자라는 거여. 송아지 입이 뭐든 자라는 족족 먹어 치워 버리니까. 그 후 해마다 대소리밭에는 풍년이 들고, 큰소리밭에는 흉년이 들었지 뭐여."

나는 할아버지의 얘기를 듣다 말고 피식 웃음을 터뜨렸다.

"에이, 말도 안 돼요."

하지만 할아버지의 표정은 진지했다.

할아버지는 정말 송아지 바위를 살짝 비틀어 놓는 바람에 대소리밭 마을이 큰소리밭 마을보다 발전할 수 있었다고 믿는 눈치였다.

"할배, 그건 말도 안 돼요."

"말이 안 되긴! 똑같은 크기에다 똑같은 종자를 뿌려노 대소리밭 마을은 풍년이 들고 우리는 흉년이 든다니까. 이 원수를 반드시 갚아야 해!"

할아버지가 주먹을 꼭 움켜쥐며 굳은 목소리로 외쳤다.

"정 그러면 커다란 기중기 같은 걸 갖고 가서 송아지 모양 돌의 위치를 살짝 바꿔 놓든가요."

"그건 안 되지."

"그럼 무슨 수로 원수를 갚아요?"

할아버지가 손으로 날짜를 세며 말했다.

"우리 마을이랑 대소리밭 마을이랑 일 년에 딱 한 번 시합을 한다는 건 잘 알제?"

"해마다 이맘때쯤에 하는 운동회요?"

"그려. 그건 사실 운동회가 아니라 큰소리밭 마을이랑 대소리밭 마을의 자존심을 건 대결이여. 그 대결서 이긴 마을이 송아지 궁둥짝을 틀어도 아무 소리 못 하게 되어 있지. 그게 수백 년 내려오는 전통이여."

"그럼 지금껏 큰소리밭 마을이 지기만 했어요? 왜 아직 대소리밭 쪽으로 향해 있는 송아지 엉덩이를 못 돌려놨대?"

할아버지가 침을 꼴깍 삼키더니 대꾸했다.

"진 게 아니라 비겼지."

"비겼다고요?"

"그려. 지금껏 해마다 큰소리밭이랑 대소리밭이랑 시합을 했는데 그때마다 속 시원하게 결판이 나질 않는 거여. 그래서 비기고, 또 비기고, 비겼지."

"수백 년 동안 계속?"

"그려, 계속!"

할아버지가 눈을 반짝이더니 나를 뚫어지게 보았다. 나는 긴장한 표정으로 눈치를 살폈다.

줄다리기 결전의 날

주왕아, 이젠 네가 결판을 내야 할 때여.

"주왕아, 우주왕! 이젠 네가 결판을 내야 할 때여."

"내, 내가요?"

"그려. 네 이름이 뭐냐? 우주에서도 왕이다! 그래서 우주왕 아니여. 넌 타고난 천하장사여. 그러니까 반드시 이번 운동회에서 네가 큰소리밭 마을을 우승으로 이끌어야 한다."

할아버지의 목소리는 진지했다. 웃음기 없는 굳은 표정에서 진심이라는 걸 알 수 있었다.

큰소리밭과 대소리밭 마을의 경쟁이 얼마나 심한지는 두 마을에 있는 조능학교를 보면 알 수 있다. 각 마을의 초등학교는 학생이 열 명 남짓일 정도로 적다. 그런데도 마을 사람들은 두 학교를 하나로 합치자는 의견을 무시했다.

"큰소리밭국민핵교랑 대소리밭국민핵교를 하나로 합친다는 건 말이 안 되지."

"그라지!"

"각자의 전통이라는 것이 있는데 그걸 묵사발로 만들 순 없지."

"그라지!"

어른들은 자존심 때문에 절대 두 학교를 합칠 순 없다며 바락바락 고집을 부렸다. 덕분에 우리는 아직도 해마다 가을 운동회 때 대결을 하고 있다.

솔직히 말해서 가을 운동회는 아이들의 운동회가 아니라, 어른들의 운동회다. 친목을 도모하는 운동회라기보다는 어른들의 불꽃 튀는 대결이다. 대소리밭 아이들은 물론 어른들까지 모두 모여 경기를 하는 데다, 운동회의 우승을 좌우하는 것은 어른들의 시합이기 때문이다.

운동회의 하이라이트는 줄다리기 시합이다. 마을 사람들이 모두 모여 줄다리기를 하는데, 지금껏 한 번도 승부가 난 적이 없다. 어찌나 실력이 팽팽한지 우리가 힘껏 잡아당기면 저쪽에서도 바짝 당긴다.

"천하장사 우주왕, 많이 먹고 많이 힘써야 한다!"

할아버지는 내가 힘을 써야 우리 마을이 이길 수 있다고 굳게 믿는 모양이었다.

참, 내 소개가 늦었다.

내 이름은 우주왕! 큰소리밭초등학교 4학년이다. 내 나이는 열한 살이지만 덩치는 중학생 형들 못지않다. 내 키는 벌써 160센티미터가 넘을 정도로 크다. 우리 학교에서 나보다 키 큰 사람이 없을 정도다. 게다가 나는 어릴 때부터 힘이 장사여서 보는 사람마다 씨름 선수를 시켜야겠다고 할 정도였다. 덕분에 내 별명은 '큰소리밭 천하장사'다.

"근데 할아버지, 차라리 비기는 게 낫지 않아? 다 함께 이기는 거니까 모두 행복하잖아요."

"무슨 소리! 우리가 이겨야지!"

"그럼 진 쪽이 슬프잖아요."

"세상은 냉정한 것이여."

할아버지의 말에 나는 시무룩한 표정을 지었다.

나와 큰소리밭초등학교 아이들은 대소리밭초등학교 아이들과 자주 만난다. 우리는 오감천 개울에서 만나 고기도 잡고 가재도 잡으면서 사이좋게 잘 놀곤 한다.

그런데 왜 어른들은 대소리밭이라고 하면 노발대발하는 걸까?

특히 운동회 때만 되면 아빠, 엄마를 비롯해 할아버지, 할머니, 고모, 삼촌, 뒷집, 아랫집에 이르기까지 온 가족, 온 마을 사람들이 "이번엔 반드시 대소리밭을 이겨야 해!"라며 눈에 쌍심지를 켤 정도다.

이튿날 나는 학교에 가자마자 한숨을 푹 내쉬었다.

"우주왕, 무슨 일 있어?"

주인이가 나를 보며 물었다.

"요즘 아침에도 고기, 점심에도 고기, 저녁에도 고기……. 고기만 먹느라 속이 더부룩해 쓰러질 지경이야."

"그러고 보니 체중이 좀 늘어난 것 같아."

"좀 늘어난 정도가 아니야. 요사이에 3킬로그램은 더 쪘을걸."

"와!"

"할아버지가 나만 보면 왕아, 왕아, 네가 우리 마을을 살려야 한다! 이러면서 고기를 먹으라고 내미시는데……."

나는 할아버지의 진지한 얼굴을 떠올리며 인상을 팍 찌푸렸다. 그때 선생님이 들어왔다.

"여러분, 아침부터 무슨 얘길 그렇게 신나게 하고 있어요?"

"다가오는 운동회 준비 때문에 주왕이가 무척 힘들대요."

우리 마을의 오랜 전설에 대해 알 리 없는 선생님은 아리송한 표정을 지었다.

나는 송아지 바위에 얽힌 전설을 얘기했다. 그리고 도대체 몇백 년이 지난 지금까지 마을 사람들이 경쟁하는 이유를 모르겠다며 하소연하듯 한숨을 푹 내쉬었다.

"그러니까 주왕이는 친구들과 경쟁하는 게 싫은 거로구나?"

"네……. 얼마 전에 축구 한일전이 있었잖아요. 그땐 대소리밭 사람들하고 같이 우리나라를 응원했어요. 그때까지만 해도 한편이었는데 지금은 편을 나눠 싸워야만 해요. 저는 그런 싸움이 이해가 안 돼요. 대소리밭 애들이랑 다 같이 이기면 좋잖아요."

내 말에 선생님이 빙그레 미소를 지었다.

"경쟁을 하다 보면 이기는 쪽도 생기고 지는 쪽도 생기기 마련이야. 중요한 건 이기는 쪽이 성공한 것이고, 지는 쪽은 실패했다, 망했다고 생각하는 태도를 가지면 안 된다는 거지. 각자 최선을 다했으니 주어진 결과에 만족하고, 다음번에 더 열심히 노력하면 되는 거 아니겠니?"

"하지만……."

선생님은 결과를 순순히 받아들이고 즐기면 된다고 말했지만 사실 그러기란 쉽지 않았다. 지면 억울하고, 분한 마음이 생기는 건 어쩔 수 없으니까. 그래서 기를 쓰고 이기려고 하다 보면 서로에게 상처를 주기도 하고, 실수를 저지르기도 하는 거 아닐까.

"우리 천하장사 주왕아, 열심히 연습하고 있지?"

할아버지가 눈을 반짝이며 물었다. 나는 우물쭈물 대답을 하는 둥 마는 둥 했다. 할아버지는 잔뜩 기대에 찬 얼굴로 말했다.

"이번에는 대소리밭 마을 녀석들의 코를 납작하게 해 줄 거여. 우리 손자의 힘이라면 얼마든지 할 수 있어!"

"알았어요."

나는 시큰둥하니 대꾸하고서 얼른 방으로 들어가 버렸다.

내 고민은 학교에서도 계속되었다.

'곧 운동회 날인데 어떻게 해야 할까?'

머릿속이 복잡해서 아무것도 손에 잡히지 않았다. 그때 옆에 앉은 주인이가 내게 고민이 있으면 서낭 할머니께 털어놓으라고 소곤거렸다.

"우주왕, 서낭 할머니는 뭐든 다 들어주잖아. 무슨 고민이든 아마 해결해 주실걸?"

"우리 고민도 해결해 주신다고?"

"그렇다니까!"

주인이는 자기가 직접 경험한 일을 얘기해 주었다. 나는 주인이의 얘기가 도통 믿기지 않았다. 그러자 주인이가 서낭 할머니께 받은 편지를 떡하니 보여 주었다. 나는 어리둥절했다.

"이게 참말 서낭 할머니가 보낸 편지라고?"

"그렇다니까."

그날 오후, 나는 집에 가는 길에 서낭 할머니의 배꼽에다 고민을 쓴 편지를 집어넣었다. 혹시 할머니 말고 다른 사람이 보고 있는 건 아닌지 몇 번이나 주위를 살피고 또 살폈다. 그러나 주위에는 아무도 없었다.

'만약 답장이 온다면 진짜 서낭 할머니께서 보내신 거겠지.'

나는 이런 생각을 하며 집으로 돌아갔다.

그런데 놀랍게도 이튿날 내게 편지가 왔다.

사람은 함께 살아가면서 경쟁을 할 수밖에 없어.

사람들은 다른 사람과 경쟁하며 발전하고,

앞으로 나아가게 되거든.

하지만 다른 사람과 싸우는 경쟁보다 더 중요한 건

자기 자신과 싸우는 거란다.

세상에서 가장 어렵고 힘든 싸움은 자기 자신과의 싸움이지.

사람들은 흔히 다른 사람을 이기면 행복해진다고 생각해.

반대로 내가 경쟁에서 지면 불행해진다고 생각하지.

하지만 정말 그럴까?

네 고민처럼 다른 사람을 이기지 않고도

행복할 수 있는 방법은 아주 많단다.

다른 사람과의 경쟁은

그저 승패를 두고 벌이는 공정한 싸움일 뿐이야.

그러니 이기고 지는 결과에 연연하지 말고 과정에 의미를 두렴.

열심히 노력한 것만으로도 가치가 있어.

결과는 그다음에 생각해도 돼.
경쟁하는 동안 최선을 다했다면
그것만으로도 충분히 자랑스러운 일 아니겠니?

서낭 할머니의 편지를 읽고 난 후, 나는 깊은 생각에 빠져들었다. 어쩌면 우리 마을 사람들은 그동안 자기 자신과의 경쟁에서 진 탓을 대소리밭 마을 사람들에게 둘러대고 있었던 건 아닐까. 또 자기 자신과의 경쟁이 더 중요하다는 걸 뻔히 알면서도 대소리밭 사람들과의 경쟁이 더 중요하다고 말해 온 건 아닐까 하는.

"그래, 결심했어! 이번 줄다리기 대회에 참가하더라도 이기려고 억지를 쓰진 않을 거야. 난 그저 최선을 다하겠어."

나는 편지를 잘 접어 가방 깊숙이 넣었다.

진정한 승리

진짜 이기는 방법을 배우려면 먼저 져야 해요.

사마달 중국의 학자이자 병법가

사마달은 아주 실력 좋은 병법가였어요. 적의 공격을 요리조리 막아 내고 전쟁을 승리로 이끌었지요. 아무리 적의 수가 많아도 사마달이 나간 전투는 항상 승리를 거두었어요.

중국 양나라의 황제는 사마달에게 이렇게 물었어요.

"대체 어떻게 하면 그대처럼 매번 승리할 수 있는 것이오?"

그러자 사마달이 대답했어요.

"승리하기 위해서는 먼저 패배하는 방법을 배워야 한답니다."

사마달은 수많은 전투에서 패한 경험이 있었어요. 하지만 실패를 부끄러워하지 않고 자신의 실수가 무엇인지, 어떻게 하면 이길 수 있을지 연구하고 또 노력했지요. 그런 노력 덕분에 사마달은 마지막까지 웃을 수 있는 승리자가 된 것이랍니다.

우지근의 행복 수업

못생겨도 타조 박사

내가 싫어도
행복할까요?

나를 불행하게 만드는 열등감.

열등감을 없애려면

나를 인정하고, 당당하게 여기고

나를 사랑해야 한단다.

    아이들이 삼삼오오 모여서 공차기를 시작했다. 물론 누구도 나에게 함께 공차기를 하겠느냐고 묻지 않았다. 나도 애써 끼려 하지 않았다.

    이런 일은 자주 있었다. 나는 내 또래 애들보다 키도 작고 뚱뚱한 데다가 운동도 못한다. 게다가 말도 느릿느릿 어눌하고, 생긴 것도 아주 못생겼다. 누구나 나를 보면 한심하다며 혀를 쯧쯧 찰 것이다.

    내 이름은 우지근. 큰소리밭초등학교 5학년이다.

    나랑 같은 학년에는 우리별이라는 여자아이가 있다. 우리별은 나보다 키도 크고, 힘도 세다. 나는 우리별 옆에 서면 머리 크기 하나가 차이 날 정도로 키가 작다.

    그래서일까. 아이들은 나만 보면 "형!"이라고 부르는 대신 "우지끈! 와지끈!"이라고 놀려 댔다.

    "서낭 할머니, 나는 왜 이렇게 못나게 태어났을까요? 우리별은 나보다 훨씬 키도 크고, 우주충은 얼굴이 잘생겼어요. 근데 나는 왜 얼굴도 못생기고, 배도 나오고, 뚱뚱하고, 잘하는 것도 하나도 없는지. 휴, 텔레비전에 나오는 잘생기고 멋진 사람들이 부러워요."

나는 날마다 집으로 가기 전에 마을의 수호신인 서낭 할머니께 들른다. 그리고 서낭 할머니께 이런저런 하소연을 한다. 물론 할머니께서 따로 대답을 해 준 적은 없다. 그래도 푸념을 실컷 늘어놓고 나면 마음이 한결 가벼워진다. 대나무 숲에 들어가서 임금님 귀가 당나귀 귀라고 말한 이발사의 마음이 이랬을까…….

얼마 전 내겐 아주 특별한 일이 있었다.

길을 가는데 이상한 알 하나가 바닥에 떨어져 있었다. 나는 그 알을 주워서 집으로 가져갔다. 알은 달걀보다 열 배는 더 크고 돌멩이처럼 딱딱했다.

"이건 대체 무슨 알일까?"

나는 큰 알을 요리조리 굴리며 생각했다. 그러나 알 속에 뭐가 들었는지 도통 알 수가 없었다.

그날도 나는 학교를 마치기 무섭게 집으로 가서 알을 꺼냈다. 알은 어제처럼 동그랗고 딱딱하기만 했다. 나는 알을 데굴데굴 굴리며 혼잣말을 했다.

"오늘 학교에 새 선생님이 왔어. 이름은 이미화인데, 정말 예쁘고 착해 보였어. 새로 오신 선생님은 나한테 관심을 가져 줄까? 지난번에 있던 선생님은 나한테 전혀 관심이 없는 것 같아서 눈치가 보였거든."

이런 말을 하고 있을 때였다. 갑자기 우지끈 소리와 함께 알에 금이 가 버렸다. 나는 놀라서 두 눈을 휘둥그레 치켜떴다.

그때 알껍데기가 부서지더니 작은 부리 하나가 밖으로 쏙 튀어나왔다.

"이, 이게 뭐야!"

나는 놀라서 뒤로 주춤 물러섰다. 그사이 부리가 콕콕 알껍데기를 쪼더니 뭔가 밖으로 튀어나왔다. 그것은 비쩍 마르고 볼품없이 생긴 새였다. 언젠가 텔레비전에서 본 아기 타조 같았다.

"너, 정말 타조 맞니?"

"꺄악!"

아기 타조가 마치 내 말을 알아들은 것처럼 대답했다. 나는 당황스러워 무엇부터 해야 할지 갈피를 잡지 못했다.

"꺄악!"

아기 타조가 엉거주춤 나를 향해 걸어오려고 애썼다.

"나, 나한테 가까이 오지 마!"

크게 소리친들 무슨 소용이 있을까. 내 말을 알아듣는 것도 아닌데. 언젠가 책에서 읽은 내용이 번뜩 머리에 떠올랐다. 타조나 닭, 오리 같은 동물들은 알에서 태어나 처음 보는 것을 엄마라고 착각하고 졸졸졸 따라다닌다고 했다. 아무래도 내 눈앞에 있는 아기 타조 역시 세상에 태어나서 처음 본 인간인 나를 엄마라고 생각하는 모양이었다.

"뀨우!"

아기 타조는 내 손등에 볼을 비비기도 하고, 털을 털기도 하고, 손가락을 앙 깨물기도 했다.

"너…… 정말 귀엽다. 내 친구 할래?"

아기 타조는 마치 내 말을 알아듣기라도 한 것처럼 고개를 끄덕였다. 나는 신이 났다. 어쩌면 타조가 서낭 할머니께서 내게 보내 주신 친구일지도 모른다는 생각이 들었다. 나는 타조를 뒤뜰로 데리고 나왔다.

"자, 이 상자가 앞으로 네가 살 집이야."

나는 타조가 편하게 지낼 수 있도록 폭신폭신한 수건을 깔아 주었다. 타조는 내 말을 알아듣기라도 한 듯 수건 위에 올라가더니 꾸벅꾸벅 졸기 시작했다.

"네 이름을 뭘로 할까……. 그래, 타순이가 좋겠다."

타순이는 내 말을 듣는 둥 마는 둥 하고 잠을 잤다.

그래도 상관없었다. 타순이가 내 곁에 있다는 것만으로도 위로가 되고 행복한 느낌이 들었다.

이렇게 타순이와 나의 비밀스러운 생활이 시작되었다.

타순이는 지렁이를 좋아했다. 딱정벌레나 거미도 좋아하고, 씨앗을 쪼아 먹는 것도 좋아했다. 나는 쉬는 시간이 되면 총알같이 밖으로 뛰어나갔다. 들판에 돌아다니는 작은 벌레를 잡아서 타순이에게 갖다주기 위해서였다.

"지근아, 쉬는 시간만 되면 어딜 그렇게 가?"

"맞아, 우지끈, 와지끈, 어딘가 수상해!"

아이들이 나를 의심스러운 눈초리로 바라보았다.

"수, 수상하긴! 뭐가!"

나는 애써 시치미를 뗐다.

"손에 든 통은 뭐야? 작은 상자 말이야."

"아, 아무것도 아니야."

"이리 줘 봐."

"시, 싫어!"

나는 상자를 뒤로 감추며 뒷걸음쳤다.

그러자 천하장사 우주왕이 나를 번쩍 들어 올리다시피 해서 상자를 억지로 빼앗았다. 상자를 여는 순간 아이들 입에서 비명이 터져 나왔다.

"으악!"

상자 속 벌레들이 인사라도 하듯 꼬물꼬물 고개를 내밀었다.

"대체 이런 건 왜 잡아 오는 거야?"

"한두 마리가 아니잖아."

"지근아, 벌레를 수집하는 새로운 취미라도 생겼어?"

아이들이 질문을 쏟아 냈지만 나는 아무런 대답도 하지 않고 입을 꾹

다물었다. 아이들에게 타조를 키운다는 걸 얘기하고 싶지 않았다. 혹시 놀림거리가 될까 봐 두려웠다.

그날 오후, 나는 타순이가 있는 헛간으로 달려갔다. 먼발치에서 내가 오는 걸 확인한 타순이가 고개를 쭉 빼고 날갯짓을 했다.

타순이는 시력이 정말 좋다. 내가 아주 멀리 서 있어도 단번에 알아본다. 아니, 정확히는 내 손에 들린 먹이통을 알아본다고 해야 맞을 것이다. 타순이는 내 손에 먹이통이 들려 있는 것을 보면 좋아서 날개를 포드닥포드닥 흔들어 댄다.

"너도 남들보다 잘하는 게 있는데 나는 그런 게 하나도 없어. 휴, 난 왜 이 모양일까?"

내가 푸념을 하자 타순이가 나를 위로하듯 먹이를 먹다 말고 고개를 요리조리 흔들었다.

"됐다. 내가 너한테 푸념을 해 봤자 뭐가 달라지겠어."

나는 타순이의 머리를 쓰다듬으며 빙그레 미소를 지었다. 그때 갑자기 우주왕이 불쑥 나타났다.

"형! 이게 뭐야? 타, 타조잖아!"

나는 타순이를 얼른 뒤로 감추며 어떻게 왔냐고 물었다.

"형 행동이 하도 수상해서 따라와 봤지. 벌레를 왜 잡나 했더니 얘 때문이었구나. 얘 이름이 뭐야?"

"타순이."

"아하, 타조한테도 엄청 큰 날개가 있구나. 잘하면 날 수도 있겠는데?"

"불가능해. 타조는 몸무게가 80킬로그램 이상 나가는 무거운 새야. 게다가 이 짧은 깃털 보이지? 이건 깃털을 안 쓰다 보니 퇴화되어서 그래. 이런 깃털로는 절대 날 수 없어."

"엇, 발가락이 겨우 두 개야?"

우주왕이 고개를 갸웃거렸다.

"겨우가 아니라 타조는 원래 발가락이 두 개야."

"오? 그나저나 얘는 암컷이야, 수컷이야?"

"나도 처음엔 암컷인 줄 알았는데 알고 보니 수컷이더라고. 쉬익쉬익 하고 소리를 내고 부우우우 하고 울 때도 있어. 타조는 수컷만 그렇게 소리를 낸대."

"그렇구나……."

우주왕이 고개를 끄덕이다가 나를 물끄러미 보았다. 나는 쑥스러워서 얼른 집 안으로 들어와 버렸다.

이튿날 학교에 갔더니 애들이 내 주변으로 모여들었다. 나는 주눅이 들어서 어깨를 잔뜩 움츠렸다.

"정말 너희 집에 타조가 있어?"

"형, 타조 박사라며?"

"타조에 대해서는 어떻게 알게 된 거야?"

나는 아이들의 질문이 쏟아지자 부끄러워서 견딜 수가 없었다. 근사하게 대답하지 못하면 망신을 당할 것 같았다. 나는 우물쭈물하다가 밖으로 뛰쳐나가 버렸다.

"나는 왜 다른 애들처럼 똑 부러지게 대답을 못 하는 걸까? 말재주도 없고 발표 솜씨도 형편없고……."

내가 한숨을 쉬며 복도를 서성이는데 선생님이 걸어오시는 게 보였다. 나를 본 선생님이 두 눈을 동그랗게 뜨며 물었다.

"우지근, 수업 시작했는데 여기서 뭐 하니?"

"그, 그냥요."

선생님이 어서 들어가자며 손을 내밀었다. 나는 고개를 절레절레 흔들었다.

"선생님, 저는 왜 이 모양일까요?"

"네가 어때서?"

"남들보다 잘하는 것도 없고…… 용기도 부족해요. 못생긴 데다가 볼품없고……."

"지근아, 선생님이 보기엔 너를 가장 싫어하는 사람은 바로 너인 것 같구나."

"제가 저를 싫어한다고요?"

나는 그게 무슨 소리인가 싶어 고개를 갸웃했다.

"그래. 행복하려면 자기 자신부터 사랑해야 해. 자기 자신을 싫어하면서 다른 사람과 행복하게 지낼 순 없어."

그날 저녁, 선생님의 말이 가시처럼 마음에 걸려서 잠을 이룰 수 없었다. 나는 어떻게 할까 고민하다가 서낭 할머니께 편지를 썼다.

서낭 할머니, 저는 키도 작고 못생긴 데다 힘도 약해요.

남 앞에 잘 나서지도 못하고, 목소리도 작아요.

이런 제가 다른 친구들과 행복하게 어울려 지낼 수 있을까요?

저는 제가 너무 싫어요.

인기도 많고, 키도 크고, 자신감 넘치는 사람으로

다시 태어났으면 좋겠어요.

나는 타순이랑 같이 서낭 할머니를 찾아갔다. 내가 할머니의 배꼽에 난 구멍 속에 편지를 집어넣고 큰절을 올리는 동안 타순이는 주변을 돌아다니며 풀벌레를 찾아 콕콕 쪼아 먹었다.

"타순아, 넌 내가 좋지?"

"뀨뀨!"

타순이가 내 말을 정말 알아듣는지 알 수가 없었다. 타순이는 바닥에 보이는 건 뭐든 부리로 콕콕 쪼아 댔다.

"가자……."

나는 어깨를 축 늘어뜨린 채 집으로 향했다. 타순이가 나를 종종거리며 뒤따라왔다. 집으로 가는 동안 나는 타순이가 사람처럼 말을 할 수 있었으면 좋겠다는 생각이 간절했다. 그러면 이런저런 고민을 털어놓으며 이야기할 수 있을 텐데.

이튿날 아침, 나는 우물쭈물하다가 서낭 할머니를 찾아갔다. 할머니의 배꼽 구멍 속에 넣어 둔 편지가 잘 있나 궁금했다. 그런데 할머니의 배꼽 구멍 속에는 내 편지 말고 다른 편지가 들어 있었다. 편지 봉투에는 '우지근에게'라는 글자가 선명하게 쓰여 있었다.

나는 고개를 갸웃거리며 편지 봉투를 뜯어 보았다.

세상엔 여러 가지 감정이 있지.
기쁨, 슬픔, 행복, 불행 같은 감정들 말이야.

그런 감정들 가운데 사람의 마음속에 가장 큰 자리를 차지하는
것이 바로 '열등감'이라는 감정이란다.
열등감은 자기 자신을 낮추고, 못나게 만들고,
아프고 불행하게 만드는 가장 큰 범인이야.
열등감이 많은 사람은 다른 사람을 질투하고,
스스로를 볼품없고 초라하다고 느끼지.
열등감은 반드시 풀어야 하는 감정 가운데 하나란다.

그렇다면 열등감을 풀기 위해서는 어떻게 해야 할까?
가장 먼저 필요한 것은 자기 자신을 인정하고,
당당하게 여기고, 사랑하는 일이야.
자신감을 갖고 싶다면 가장 먼저 너를 사랑해 보렴.

어떻게 사랑해야 하냐고 묻고 싶겠지.

가장 먼저 네 스스로를 멋지다고 생각하고,
예쁘다고 생각하고, 칭찬해 줘.
그렇게 자기 자신을 사랑하기 시작하는 거란다.

나는 편지를 물끄러미 바라보았다. 어쩐지 서낭 할머니께서 내 마음속에 들어왔다 나간 듯한 느낌이었다. 잠시 망설이다가 학교 쪽으로 발걸음을 돌리려는데 멀리 우주왕이 다가오는 게 보였다.

"어이, 타조 박사 형, 같이 가!"

우주왕의 말에 나는 멈칫했다.

"박사? 나 말이야?"

"그래, 여기 형 말고 또 누구 있어? 타순이에 대해서라면 모르는 게 없으니 박사지 뭐야."

나는 멋쩍게 웃으며 우주왕을 향해 뛰어갔다.

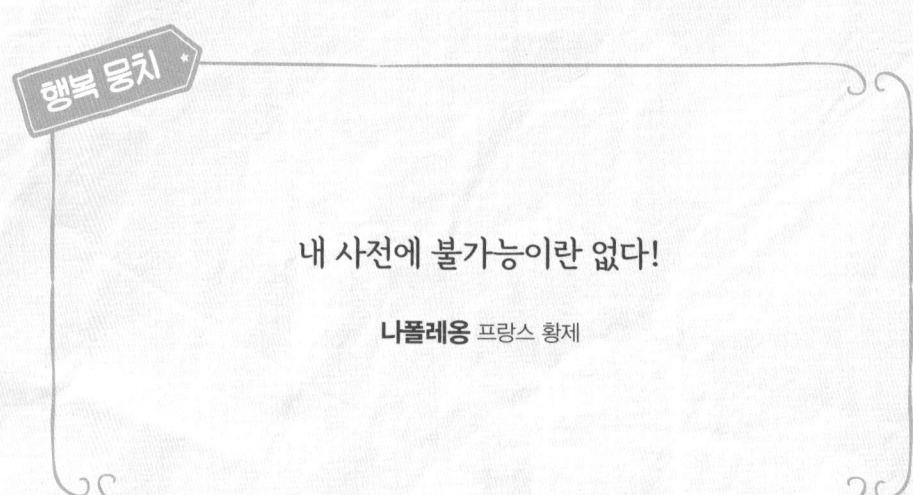

내 사전에 불가능이란 없다!

나폴레옹 프랑스 황제

누구에게나 열등감은 있어요. 그런데 그 열등감을 어떻게 극복하느냐에 따라 인생이 전혀 다른 방향으로 흘러갈 수 있답니다. 그런 의미에서 생각하면 열등감이 반드시 나쁜 것만은 아니에요. 열등감은 무언가를 열심히 쌓아 올릴 수 있는 동기가 되어 주거든요.

열등감을 극복한 덕분에 위대한 영웅이 된 나폴레옹의 이야기를 들려줄게요. 나폴레옹은 몸이 약한 소년이었어요. 다른 친구들과 운동 시합을 할 때마다 지기 일쑤였지요. 나폴레옹은 자신의 단점을 끌어안고 끙끙거리는 대신 그걸 이겨 내려고 무척 애를 썼어요.

"나는 몸이 약해. 그러니까 더 열심히 운동해야지."

이렇게 말이에요. 자신의 신체 결점을 극복하려고 최선의 노력을 다한 덕분에 나폴레옹은 최고의 군인이 될 수 있었답니다.

우등생의 행복 수업

공부 못하는 우등생

현재를 희생하면
미래가 행복할까요?

"형, 같이 축구하자!"

주인이랑 주왕이가 달려왔다.

"안 돼."

나는 책에 얼굴을 푹 파묻은 채 무심히 대꾸했다.

"혀—엉! 형이 빠지면 3 대 3으로 축구를 할 수 없단 말이야. 나랑 형이랑 말년 할머니가 같은 편이고 주인이랑 지근 형이랑 우리별 누나가 같은 편이 될 거야. 하자, 하자!"

주왕이가 큰 몸을 흔들며 소리쳤다.

나도 축구를 하고 싶은 마음은 굴뚝같았다. 하지만 차마 그럴 수 없었다. 우리 형처럼 좋은 학교에 가려면 부지런히 공부해야 했기 때문이다.

내 이름은 우등생. 큰소리밭초등학교 6학년 학생회장이다.

사실 내가 학생회장이 된 것은 우리 학교에 6학년 학생이 오로지 나밖에 없기 때문이었다. 그런데 이런 사정을 잘 모르는 사람들은 학생회장이라는 말에 "공부를 아주 잘하나 봐?"라고 묻곤 했다.

"등생아, 너도 형처럼 공부를 열심히 해서 좋은 대학에 가야 한다."

엄마랑 아빠는 입버릇처럼 이렇게 말하곤 했다.

우리 형의 이름은 우등혁인데, 큰소리밭 마을에서 태어난 아이들 중 가장 머리가 좋은 수재다. 지금은 서울에서 대학을 다니고 있다. 형은 공부를 잘한 덕분에 어딜 가나 대접을 받았다. 마을 어르신들도 형에게 마을 일을 상의할 정도니 그 신임이 얼마나 두터운지 짐작할 수 있을 것이다.

"네 형은 시험만 쳤다 하면 일 등이었지."

"흥, 나도 일등이거든?"

지금은 6학년 학생이 나밖에 없으니 무얼 해도 당연히 내가 일 등이었다.

"형은 옆 마을은 물론 건넛마을, 윗마을, 아랫마을 애들이랑 모두 경쟁을 해도 일 등 자리를 놓친 적이 없을 정도라니까."

"엄마, 나도 자신 있어."

"말만 번지르르하게 하지 말고 공부를 좀 해. 곧 중학생이 될 텐데 그땐 어쩌려고 그러니?"

엄마는 동네 애들이랑 뛰어놀 시간에 공부를 하라며 잔소리를 늘어놓았다. 나는 대답을 하는 둥 마는 둥 하고 방으로 들어갔다.

내 방에는 형의 물건이 잔뜩 있었다. 형이 서울에 있는 대학에 가기 전에는 형과 같이 쓰던 방이었다. 고개를 돌리면 벽엔 형이 탄 여러 개의 상장이 빼곡하게 걸려 있고, 책상에는 형이 보던 참고서가 빽빽하게 꽂혀 있었다.

형은 노래도 잘하고, 그림도 잘 그리고, 운동에도 소질이 있었다. 덕분에 대회만 나갔다 하면 상을 탔다.

"휴, 난 뭘 해도 형의 발뒤꿈치도 못 따라갈 것 같아……."

나는 한숨을 내쉬며 책을 펼쳤다. 책 곳곳에 형이 공부하던 흔적이 보였다. 그것들을 보면 형이 얼마나 열심히 공부했는지 짐작할 수 있었다.

"형은 놀고 싶거나 게임하고 싶거나 한 적도 없나? 왜 이렇게 공부를 열심히 했지."

나는 책을 툭 덮으며 또 한숨을 쉬었다.

그때 문소리가 나더니 누군가 안으로 들어오는 듯한 소리가 들렸다. 곧이어 엄마의 호들갑스러운 목소리가 울렸다.

"어머, 혁아! 네가 여긴 어쩐 일이야?"

"시험 기간이 끝나서 잠깐 들렀어요."

"온다고 미리 말을 하지! 찬거리도 없는데……. 이럴 게 아니라 당장 장부터 보러 가야겠다. 조금만 기다리렴."

엄마는 형에게 뭐가 먹고 싶냐고 물었다. 좀 전까지 내가 통닭이 먹고 싶다고 노래를 불렀는데, 그땐 들은 척도 하지 않더니만.

나는 입술을 삐죽거리며 방문을 열었다.

"생아, 잘 있었어? 이 녀석, 키가 훤칠해졌네!"

"어……."

나는 형을 보고도 인사를 하는 둥 마는 둥 했다.

"공부는 잘 하고?"

"그렇지 뭐."

"모르는 문제 있으면 형한테 물어봐. 가르쳐 줄게."

"혼자 할 수 있어."

나는 형과 눈을 마주치지 않으려고 애써 고개를 돌리며 대꾸했다.

형이 그런 내 모습을 보고 고개를 갸웃거렸다.

"형을 오랜만에 보는데 반갑지 않아?"

"반가워."

아니다. 하나도 반갑지 않았다.

형이 다녀가고 나면 며칠 동안 엄마 아빠에게 잔소리를 들어야 했다. 형은 안 그런데 넌 왜 그러니, 형은 이런 건 눈 깜짝할 사이에 해냈는데 넌 도대체 누굴 닮았니, 형은 이런데 넌 왜 이 모양이니 등등……. 엄마랑 아빠는 말끝마다 형과 나를 비교했다.

"형은 공부를 잘하니 좋겠다."

나는 형에게 어떻게 하면 공부를 잘할 수 있는지 묻고 싶었다. 아무리 노력해도 성적이 오르지 않을 땐 어떻게 해야 하는지, 어떤 방법을 써야 좀 더 효과적으로 공부할 수 있는지 등 물어보고 싶은 마음이 굴뚝같았다.

하지만 자존심이 상해서 입을 꾹 다물었다. 그러자 형과 나 사이에 어색한 정적이 흘렀다.

"형은 이번에도 시험을 잘 봐서 장학금을 받았다며?"

"그랬지."

"형은 공부가 좋아?"

"아니, 힘들어. 형도 놀고 싶고, 쉬고 싶은 마음이 들곤 하지."

"그런데 왜 그렇게 악착같이 공부를 하는 거야?"

"내 꿈은 판사가 되는 거니까. 그걸 이루기 위해 지금 당장 하고 싶은 걸 잠깐 미루고 더 노력하는 거야."

형의 대답이 너무 뻔해서 그런지 꼭 잘난 척하는 것처럼 들렸다.

"난 미래의 행복을 위해서 지금 불행하고 싶지 않아. 지금 당장 행복해지고 싶다고."

"무언가를 좀 참는 게 왜 불행이라고 생각하니?"

"하고 싶은 걸 참아야 하니까."

"두 마리 토끼를 한꺼번에 잡을 순 없어. 이걸 갖고 싶다면 저걸 잠깐 내려놓아야 한다고."

"흥! 됐어. 형도 똑같아. 나한테 그저 참고 공부만 하라는 거지?"

그날 저녁, 나는 형과 함께 침대에 누워 잠을 잤다.

형은 곤하게 잠이 들었지만 나는 쉽게 잠을 잘 수가 없었다.

'미래를 위해 하기 싫은 것을 꾹 참고 노력해야 한다고? 과연 그렇게 참다 보면 행복해질까?'

나는 지금 불행하고 기쁘지 않은데 시간이 흐르면 행복해질 수 있다는 말이 잘 이해되지 않았다. 사람은 바로 지금 이 순간의 행복을 위해 살아가는 것이 아닐까? 이런저런 생각을 하던 나는 서낭 할머니께 편지를 써 보기로 했다.

서낭 할머니, 안녕하세요?

저는 큰소리밭초등학교 학생회장 우등생이에요.

꼭 여쭤보고 싶은 것이 있어서 이렇게 할머니께 편지를 써요.

할머니, 어른들은 미래를 위해 지금 하기 싫은 일도 꾹 참고 해야 하고,

하고 싶은 일도 꾹 참고 견뎌야 한다고들 말해요.

그런데 그게 과연 맞는 말일까요?

지금의 희생이 미래에 큰 행복을 가져다준다는 건 어리석은 생각이 아닐까요?

지금 불행한데 미래에 행복해진들 무슨 소용이 있겠어요.

어떤 것이 옳은지 모르겠어요.

나는 편지를 곱게 접어서 책상 위에 놓아두었다.

그런데 다음 날 아침, 학교 가는 길에 편지를 서낭 할머니의 배꼽에 넣는 일을 깜빡하고 말았다.

'에잇, 이러니 맨날 형이랑 비교를 당하지. 형이었다면 절대 이런 걸 깜빡하지 않았을 텐데.'

나는 스스로 머리를 콩 쥐어박았다.

이윽고 수업을 시작했지만 책상 위에 두고 온 편지가 자꾸 떠올라서 집중을 할 수가 없었다. 내 머릿속엔 온통 편지를 얼른 서낭 할머니께 갖다 드려야 한다는 생각뿐이었다.

나는 수업을 마치기 무섭게 집으로 뛰어갔다.

"어, 이상하다. 여기 놔둔 편지가 어딜 갔지?"

귀신이 곡할 노릇이었다. 책상 위에 둔 편지가 감쪽같이 사라졌다. 편지에 발이 달린 것도 아니고, 날개가 달린 것도 아닌데 사라져 버리다니.

내가 방 안을 뒤적거리며 편지를 찾고 있는데 형이 불쑥 들어왔다.

"동생아, 뭐 해?"

"아, 아무것도 아니야……."

나는 시치미를 뚝 떼고 고개를 돌렸다. 그러자 형이 빙그레 미소를 지었다.

"참, 아까 네 앞으로 편지 한 통이 왔던데."

"편지라고?"

"그래. 보내는 사람은 없고 받는 사람에 네 이름이 크게 쓰여 있었어."

나는 형이 내민 편지를 보고 눈을 휘둥그렇게 치켜떴다.

그 편지는 주인이나 주왕이, 말년 할머니가 받은 것과 똑같았다. 혹시 서낭 할머니께서 내 편지를 보고 답장을 해 주신 걸까? 나는 허겁지겁 편지를 열어 보았다.

사람은 자기가 하고 싶은 일을 할 때 행복하단다.
아무리 힘든 일이라도 자기가 진짜 하고 싶고 좋아하는 일이라면
그건 고생이 아니라 행복이 된단다.
가수의 꿈을 지닌 아이들은
힘들게 연습생 생활을 하면서도 행복하다고 하잖니.
국가 대표 운동선수가 되는 게 꿈인 아이들은
하루 종일 힘들게 훈련을 받으면서도 행복하다고 하지.

그게 꿈을 이루기 위한 과정이니까.

동생이 너의 형도 '판사'라는 꿈이 있으니까

공부하는 게 힘들고 고통스럽기보다는 행복한 것 아닐까?

무엇이든 억지로, 의미 없이 하는 일은 불행하고 힘들지만

스스로 하고 싶고, 간절히 바라는 일은 신나고 즐거운 법이야.

지금 네가 공부를 할 때 불행하다고 느끼는 건

아마 뚜렷한 목표가 없기 때문일 거야.

그렇다면 가장 먼저 가져야 할 것은 목표가 아닐까?

"목표……."

편지를 읽고 보니 나는 형처럼 뚜렷한 꿈이 없다는 사실을 깨달았다.

"형, 형은 공부할 때 기분이 막 좋아지고 그래?"

"이 자식, 누굴 공부벌레로 아나! 나도 놀고 싶고 게임도 하고 싶고 그래. 엉덩이가 들썩들썩한다고."

"그런데 왜 그렇게 공부를 열심히 해?"

"내 꿈을 이룰 수 있는 방법이니까."

형의 말을 들으니 나는 꿈이 없기 때문에 모든 게 불행하고 짜증나는 게 아닐까라는 생각이 더 확실하게 들었다.

"꿈, 그게 생기면 나도 형처럼 공부를 좋아하게 되려나……."

"응?"

형이 무슨 소리냐는 듯 고개를 갸웃했다. 나는 대답 대신 그저 속으로만 씩 웃고 말았다.

행복 적금

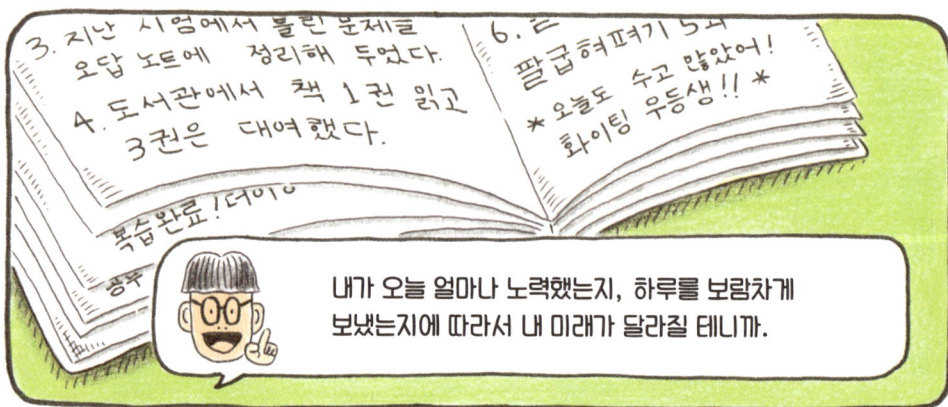

> 인생에서 가장 중요한 것은 목표를 세우고
> 그것을 위해 참고 노력하는 일입니다.
>
> **괴테** 독일의 시인, 소설가, 극작가

성공한 사람에겐 공통된 특징이 있어요. 바로 목표를 세우고 그것을 이루기 위해 참고 노력했다는 것이지요. 목표를 이루기 위해 당장 하고 싶은 일을 참고, 노력하는 것은 행복을 얻기 위한 가장 확실한 방법이랍니다.

목표를 이룬다는 것은 곧 꿈에 한 발 더 다가서며 만족해한다는 것이고, 이는 행복해진다는 걸 의미하니까요. 그런데 만약 목표가 잘못되었다면 그것을 이루었을 때 행복을 얻을 수 있을까요? 아마 큰 후회와 미련이 밀려들겠지요.

그래서 목표를 정하고 노력하기 전에 반드시 그것이 올바른지, 나에게 어떤 의미를 지니는지, 내가 진정으로 원하는 일인지를 깊이 생각해 보아야 한답니다.